AF218138

¿QUÉ ES LA AUTORIDAD?

HANNAH ARENDT

¿QUÉ ES LA AUTORIDAD?

Traducción de
Roberto Ramos Fontecoba

PÁGINA INDÓMITA

Título original:
What is Authority?

© Hannah Arendt, 1958, 1961, 1968,
publicado mediante acuerdo con Penguin Publishing Group
(una división de Penguin Random House LLC),
Grup Editorial 62 s.l.u. y The Foreign Office
© de la traducción, Roberto Ramos Fontecoba, 2024
© de la presente edición, PÁGINA INDÓMITA, s.l.u.
Providencia 114 bis, 4º 4ª. 08024 Barcelona
www.paginaindomita.com

Diseño de cubierta y composición: Ángel Uzkiano
Imagen de cubierta: Fred Stein
Impresión y encuadernación: Romanyà Valls
Primera edición: noviembre de 2024

ISBN: 978-84-128187-5-8
Depósito legal: C-1425-2024

ÍNDICE

NOTA A LA PRESENTE EDICIÓN

El ensayo que aquí ofrecemos al lector tiene su origen en una ponencia preparada por Hannah Arendt para la conferencia que el Congreso por la Libertad de la Cultura organizó en Milán en septiembre de 1955. La contribución de la autora llevaba por título «The Rise and Development of Totalitarianism and Authoritarian Forms of Government in the Twentieth Century» y estaba dividida en tres partes: en la primera, Arendt abordada las diferencias entre gobierno autoritario, tiránico y totalitario; en la segunda, llevaba a cabo una crítica de los métodos empleados por las ciencias sociales para tratar el asunto, y en la tercera y última, ofrecía una definición del concepto de autoridad.

El texto no llegó a publicarse de forma íntegra e independiente. Las partes I y II, reelaboradas, darían lugar después al ensayo de la autora «La autoridad en el siglo xx», que vio la luz en 1956 en *The Review of Politics*, y que ha sido publicado ya por Página Indómita en la antología de Arendt *Pensar sin asideros. Ensayos de comprensión, 1953-1975.*

La parte III, tras sucesivas reelaboraciones, terminaría constituyendo el ensayo sobre la autoridad que aquí presentamos. Arendt escribió primero dos versiones distintas en alemán, ambas bajo el título «Was ist Autorität?», publicadas en 1956 en la revista *Der Monat* y en 1957 en la antología de la autora *Fragwürdige Traditionsbestände in politischen Denken der Gegenwart.* Después vendrían dos nuevas reelaboraciones, esta vez en inglés: una publicada en 1958 como «What was Authority?» en el volumen colectivo *Nomos I: Authority*, y otra que es la versión definitiva del ensayo, publicada como «What is Authority?» en la antología de la autora *Between Past and Future,* que vio la luz por primera vez en 1961. Esta versión definitiva, que constituye al mismo tiempo una reelaboración del ensayo «La autoridad en el siglo xx», es la que aquí ofrecemos al lector, en una nueva traducción a nuestra lengua.

El ensayo de Arendt muestra un gran paralelismo con el trabajo de Carl J. Friedrich, quien ejerció la docencia en Harvard y editó el volumen colectivo *Nomos I: Authority,* citado más arriba, y sobre todo con las reflexiones de Alexandre Kojève en *La noción de Autoridad* (1942), obra publicada también por Página Indómita. Tanto Kojève como Arendt buscan una nueva fundamentación del pensamiento democrático tomando como referencia el concepto de autoridad; esto es, apuntan explícitamente al desarrollo de una autoridad democrática.

¿QUÉ ES LA AUTORIDAD?

I

Para evitar malentendidos, quizá habría sido más prudente preguntarse en el título qué era —y no qué es— la autoridad. Porque en mi opinión nos vemos tentados de plantearnos esta pregunta, y es lícito que la planteemos, debido a que la autoridad ha desaparecido del mundo moderno. Como ya no podemos apoyarnos en experiencias auténtica e indiscutiblemente comunes a todos, el término mismo se ha visto oscurecido por la controversia y la confusión. Poco acerca de su naturaleza parece evidente o incluso comprensible para todos, dejando al margen que el científico político tal vez recuerde aún que este concepto fue en su día fundamental para la teoría política, o que la mayoría estará de acuerdo en que el desarrollo del mundo moderno en nuestro siglo se ha visto acompañado de una crisis de la autoridad, una crisis constante y cada vez más amplia y profunda.

Esta crisis, evidente desde principios de siglo, es de origen y naturaleza política. El auge de movimientos políticos decididos a reemplazar el sistema de partidos y el desarrollo de una nueva forma totalitaria de gobierno se produjeron en un contexto de colapso más o menos general, más o menos dramático, de todas las autoridades tradicionales. Este colapso no fue en ninguna parte el resultado directo de los regímenes o los movimientos mismos; más bien se diría que el totalitarismo, en forma tanto de movimientos como de regímenes, era el mejor preparado para aprovechar una atmósfera general, social y política, en la que el sistema de partidos había perdido su prestigio y ya no se reconocía la autoridad del gobierno.

El síntoma más significativo de la crisis, que indica su profundidad y su gravedad, es que se ha extendido a áreas prepolíticas tales como la crianza y la educación de los niños, donde la autoridad en el sentido más amplio siempre ha sido aceptada como un imperativo natural, evidentemente exigida tanto por las necesidades naturales —la indefensión del niño— como por necesidad política, esto es, en aras de la continuidad de una civilización asentada que solo puede asegurarse si los recién llegados mediante el nacimiento son guiados a través de un mundo preestablecido, en el que nacen como extraños. Esta forma de autoridad, por su carácter simple y elemental, ha servido a lo largo de la historia del pensamiento político como modelo para una gran variedad de formas autoritarias de gobierno; así pues, el hecho de que ya no sea firme ni siquiera esta autoridad prepolítica que regía las relaciones entre adultos y niños, profesores y alumnos, significa que todas las metáforas y modelos tradicionales de las relaciones autoritarias han perdido su plausibilidad. Ni en la práctica ni en la teoría estamos ya en condiciones de saber qué *es* realmente la autoridad.

En las siguientes reflexiones asumo que la respuesta a esta pregunta no puede radicar en una definición de la naturaleza o esencia de la «autoridad en general». La autoridad que hemos perdido en el mundo moderno no es dicha «autoridad en general», sino más bien una forma muy específica que había sido válida en todo el mundo occidental durante largo tiempo. Por lo tanto, propongo reconsiderar qué fue históricamente la autoridad y las fuentes de su fuerza y su significado. Sin embargo, en vista de la confusión actual, parece que incluso este enfoque limitado y tentativo debe ir precedido de algunas observaciones sobre lo que la autoridad nunca fue, para evitar los malentendidos más comunes y asegurarnos de que visualizamos y consideramos el mismo fenómeno, y no una serie de cuestiones ligadas o no a él.

Dado que la autoridad siempre exige obediencia, suele confundírsela con alguna forma de poder o violencia. Pero dicha autoridad excluye el uso de medios externos de coacción; donde se emplea la fuerza, la autoridad misma ha fracasado. La autoridad, por otra parte, es incompatible con la persuasión, la cual presupone la igualdad y opera mediante un proceso de argumentación; cuando se utilizan argumentos, la autoridad queda en suspenso. Al orden igualitario de persuasión se opone el orden autoritario, que es siempre jerárquico. Si se quiere definir la autoridad, entonces, debe distinguirse tanto de la coerción por la fuerza como de la persuasión mediante argumentos. (La relación autoritaria entre quien manda y quien obedece no se basa ni en la razón común ni en el poder del que manda; lo que tienen en común las dos partes de esa relación es la jerarquía misma, cuya pertinencia y cuya legitimidad ambos reconocen, y donde ambos ocupan su lugar estable y predeterminado.) Este punto es de importancia histórica; un aspecto de nuestro concepto de autoridad es de origen platónico, y cuando Platón comenzó a considerar la introducción de la autoridad en la gestión de los asuntos públicos en la polis, sabía que estaba buscando una alternativa a la habitual forma griega de manejar los asuntos internos de dicha polis, consistente en la persuasión (πείθειν), así como a la forma habitual de manejar los asuntos exteriores, consistente en la fuerza y la violencia (βία).

En términos históricos, podemos decir que la pérdida de autoridad es simplemente la fase final, aunque decisiva, de un desarrollo que durante siglos socavó sobre todo la religión y la tradición. De estos tres elementos, tradición, religión y autoridad —cuya interconexión discutiremos más adelante—, la autoridad ha demostrado ser la más estable. Ahora bien, con la pérdida de autoridad, la duda general de la época moderna invadió también el ámbito político, donde las cosas no solo asumen una expresión más radical sino que se dotan de una realidad peculiar, propia de dicho ámbito político. Lo que hasta ahora había sido de importancia espiritual quizá solo para unos pocos se ha convertido en una preocupación de todos. Solo ahora, por así decirlo *a posteriori*, la pérdida de la tradición y la pérdida de la religión se han convertido en acontecimientos políticos de primer orden.

Cuando he dicho que no deseo discutir la «autoridad en general», sino solo el concepto muy específico de autoridad que ha predominado en nuestra historia, he buscado señalar algunas distinciones que podemos pasar por alto cuando hablamos de manera demasiado amplia de la crisis de nuestro tiempo, distinciones que tal vez podré explicar más fácilmente en términos de los conceptos relacionados de tradición y religión. Así, la innegable pérdida de tradición en el mundo moderno no implica en absoluto una pérdida del pasado, puesto que tradición y pasado no son lo mismo, como nos quieren hacer ver los creyentes en la tradición por un lado y los creyentes en el progreso por el otro —de modo que poco importa que los primeros deploren este estado de cosas mientras que los segundos se congratulan ante ello—. Con la pérdida de la tradición hemos perdido el hilo que nos guiaba con seguridad a través de los vastos reinos del pasado, pero este hilo era también la cadena que sujetaba a cada generación sucesiva a un aspecto predeterminado de ese pasado. Podría ser que solo ahora tal pasado se abra a nosotros con una frescura inesperada y nos diga cosas que nadie ha tenido oídos para escuchar todavía. Pero no se puede negar que en ausencia de una tradición firmemente arraigada (y la pérdida de esta seguridad ocurrió hace varios siglos) también ha estado en peligro toda la dimensión del pasado. Corremos el peligro de olvidar, y tal olvido —con independencia de los contenidos mismos que podrían perderse— significaría que, humanamente hablando, nos privaríamos de una dimensión, la dimensión de la profundidad de la existencia humana. Porque memoria y profundidad son lo mismo; o mejor dicho, solo mediante el recuerdo puede el hombre alcanzar la profundidad.

Ocurre algo similar con la pérdida de religión. Desde que se produjo la crítica radical de las creencias religiosas en los siglos XVII y XVIII, ha sido característico de la era moderna el dudar de la verdad religiosa, tanto entre los creyentes como entre los no creyentes. Desde Pascal y más concretamente desde Kierkegaard, la duda se ha convertido en creencia, y el creyente moderno debe proteger constantemente sus creencias, protegerlas contra las dudas; en la era moderna, las paradojas y los absurdos acosan no a la fe cristiana como tal, sino al cristianismo (y al judaísmo, por supuesto). Quizá alguna otra cosa pueda sobrevivir al absurdo (tal vez la filosofía pueda), pero la religión ciertamente no. Sea como fuere, esta pérdida de fe en los dogmas de la religión institucional no implica necesariamente una pérdida o incluso una crisis de fe, ya que religión y fe, o creencia y fe, no son en modo alguno lo mismo. Solo la creencia, pero no la fe, tiene una afinidad inherente con la duda y está constantemente expuesta a ella. Pero ¿quién puede negar que también la fe, durante tantos siglos protegida con firmeza por la religión, sus creencias y sus dogmas, se ha visto gravemente amenazada por lo que en realidad no es más que una crisis de la religión institucional?

Considero necesario hacer algunas matizaciones similares respecto a la pérdida moderna de autoridad. Dicha autoridad, descansando sobre un fundamento en el pasado, el cual operaba como su piedra angular inquebrantable, dio al mundo la permanencia y durabilidad que los seres humanos necesitan precisamente porque son mortales —los seres más inestables y fútiles que conocemos—. La pérdida de tal autoridad equivale a la pérdida de los fundamentos del mundo, los cuales desde entonces han comenzado a desplazarse, a transformarse y cambiar de una forma a otra con una rapidez cada vez mayor, como si estuviéramos viviendo en, y luchando con, un universo proteico donde todo en cualquier momento puede convertirse en casi cualquier otra cosa. Pero la pérdida de la permanencia y la confiabilidad mundanas —que políticamente es idéntica a la pérdida de autoridad— no implica, al menos no de manera necesaria, la pérdida de la capacidad humana para construir, preservar y cuidar un mundo que pueda sobrevivirnos y seguir siendo un lugar adecuado para la vida de quienes vengan después de nosotros.

Es obvio que estas reflexiones y descripciones se basan en la convicción de que es importante hacer distingos. Enfatizar tal convicción parece una perogrullada en vista del hecho de que, al menos hasta donde yo sé, nadie ha dicho abiertamente todavía que las distinciones carecen de sentido. Sin embargo, en la mayoría de las discusiones entre científicos políticos o sociales existe un acuerdo silencioso, según el cual podemos ignorar las distinciones y proceder bajo el supuesto de que todo puede en última instancia llamarse de otra manera, y que las distinciones solo son significativas en la medida en que cada uno de nosotros tenga el derecho a «definir sus propios términos». Sin embargo, este curioso derecho, que nos concedemos tan pronto como abordamos cuestiones de importancia —como si en realidad fuera el mismo que el derecho a la propia opinión—, ¿no indica ya que términos como «tiranía», «autoridad» y «totalitarismo» simplemente han perdido su significado común?, ¿o que hemos dejado de vivir en un mundo común donde las palabras que compartimos poseen un significado incuestionable, de modo que, condenados a vivir verbalmente en un mundo completamente carente de sentido, nos concedemos unos a otros el derecho a retirarnos a nuestros propios mundos de significado, y solo exigimos que cada uno de nosotros conserve la coherencia dentro de su propia terminología privada? En estas circunstancias, si nos aseguramos a nosotros mismos que todavía nos entendemos los unos a los otros, no queremos decir que juntos entendamos un mundo común a todos nosotros, sino que entendemos la coherencia de la argumentación y el razonamiento, del proceso de argumentación en su pura formalidad.

Sea como fuere, proceder bajo el supuesto de que las distinciones no son importantes o, mejor, de que en el ámbito social, político e histórico, es decir, en la esfera de los asuntos humanos, las cosas no poseen esa distintividad que la metafísica tradicional solía llamar su «otredad» (su *alteritas*) se ha convertido en el sello de muchas teorías en las ciencias sociales, políticas e históricas. Entre ellas, me parece que dos merecen mención especial, porque tocan de una manera muy significativa el tema aquí discutido.

La primera se refiere a las formas en que, desde el siglo XIX, los escritores liberales y conservadores han abordado el problema de la autoridad y, por implicación, el problema relacionado de la libertad en el ámbito de la política. En términos generales, ha sido bastante típico de las teorías liberales el partir del supuesto de que «la constancia del progreso... en dirección a una libertad organizada y asegurada es el hecho característico de la historia moderna»,[1] y el considerar cada desviación de este curso como un proceso reaccionario que conduce en la dirección opuesta. Esto les hace pasar por alto las diferencias de principio entre la restricción de la libertad en los regímenes autoritarios, la abolición de la libertad política en las tiranías y dictaduras y la eliminación total de la espontaneidad misma, es decir, de la manifestación más general y elemental de la libertad humana —una eliminación a la que solo aspiran los regí-

1. La formulación es la de Lord Acton, en su «Inaugural Lecture on the "Study of History"», reimpresa en *Essays on Freedom and Power*, Nueva York, 1955, p. 35.

menes totalitarios, mediante sus diversos métodos de condicionamiento—. El escritor liberal, preocupado por la historia y progreso de la libertad más que por las formas de gobierno, solo ve aquí diferencias de grado, e ignora que el gobierno autoritario embarcado en la restricción de la libertad permanece ligado a esa libertad que restringe —en la medida en que tal gobierno perdería su sustancia misma si aboliera la libertad por completo; es decir, se transformaría en tiranía—. Lo mismo vale para la distinción entre poder legítimo e ilegítimo, de la que depende todo gobierno autoritario. El escritor liberal tiende a prestarle poca atención debido a su convicción de que todo poder corrompe y de que la constancia del progreso requiere una pérdida constante de poder, sin importar cuál pueda ser su origen.

Detrás de la identificación liberal del totalitarismo con el autoritarismo, y de la inclinación concomitante a ver tendencias «totalitarias» en toda limitación autoritaria de la libertad, se esconde una antigua confusión de la autoridad con la tiranía, y del poder legítimo con la violencia. La diferencia entre tiranía y gobierno autoritario siempre ha consistido en que el tirano gobierna de acuerdo con su propia voluntad e interés, mientras que incluso el gobierno autoritario más draconiano está sujeto a leyes; sus actos son examinados según un código que no ha sido elaborado en absoluto por el hombre, como es el caso de la ley de la naturaleza, los Mandamientos de Dios o las ideas platónicas, o que al menos no ha sido elaborado por quienes realmente ocupan el poder. La fuente de autoridad en un gobierno autoritario es siempre una fuerza externa y superior a su propio poder; de esta fuente, de esta fuerza externa que trasciende el ámbito político, derivan siempre las autoridades su «autoridad», es decir, su legitimidad; y es actuando contra esa fuente como se puede refrenar el poder de tal gobierno.

Los portavoces modernos de la autoridad, quienes, incluso en los breves intervalos en que la opinión pública proporciona un clima favorable para el neoconservadurismo, siguen siendo muy conscientes de que la suya es una causa casi perdida, están por supuesto deseosos de señalar esta distinción entre tiranía y autoridad. Donde el escritor liberal ve un progreso esencialmente asegurado en dirección a la libertad, que solo es interrumpido de manera temporal por ciertas fuerzas oscuras del pasado, el conservador ve un proceso fatal que comenzó con la disminución de la autoridad, de tal modo que la libertad, tras perder las limitaciones que protegían sus fronteras, ha quedado desamparada, indefensa, destinada a ser destruida. (No es justo decir que solo el pensamiento político liberal está principalmente interesado en la libertad; apenas existe en nuestra historia una escuela de pensamiento político que no se centre en la idea de tal libertad, por mucho que el concepto de la misma pueda variar según los diferentes escritores y las distintas circunstancias políticas; a mi juicio, la única excepción de cierta relevancia es la filosofía política de Thomas Hobbes, quien, por supuesto, era cualquier cosa menos un conservador.) Tiranía y totalitarismo son aquí equiparados nuevamente, solo que ahora el gobierno totalitario, cuando no es identificado de manera directa con la democracia, es contemplado como su resultado casi inevitable, es decir, el resultado de la desaparición de todas las autoridades tradicionalmente reconocidas. Pero las diferencias entre dominación totalitaria, por un lado, y tiranía y dictadura, por el otro, no son menos relevantes que las que existen entre autoritarismo y totalitarismo.

Estas diferencias estructurales se hacen evidentes en el momento en que dejamos atrás las teorías generales y concentramos nuestra atención en el aparato de gobierno, las formas técnicas de administración y la organización del cuerpo político. En aras de la brevedad, tal vez se me permita resumir las diferencias técnico-estructurales entre gobierno autoritario, tiránico y totalitario mediante la imagen de tres modelos representativos diferentes. Como imagen del gobierno autoritario propongo la forma de la pirámide, bien conocida en el pensamiento político tradicional. De hecho, la pirámide es una imagen particularmente apropiada para una estructura gubernamental cuya fuente de autoridad reside fuera de ella misma, pero cuya sede del poder está ubicada en la cima, desde donde la autoridad y el poder se filtran hacia la base de tal manera que cada capa sucesiva posee cierta autoridad, pero menos que la ubicada encima, y donde, precisamente debido a este cuidadoso proceso de filtrado, todas las capas de arriba a abajo están no solo firmemente integradas en el todo, sino interrelacionadas como rayos convergentes cuyo punto focal común es la parte superior de la pirámide así como la fuente trascendente de autoridad ubicada sobre ella. Cierto es que esta imagen solo puede usarse para el tipo cristiano de gobierno autoritario tal como se desarrolló a través y bajo la constante influencia de la Iglesia durante la Edad Media, cuando el punto focal por encima y más allá de la pirámide terrenal proporcionaba el necesario punto de referencia para el tipo cristiano de igualdad, a pesar de la estructura estrictamente jerárquica de la vida en la tierra. La comprensión romana de la autoridad política, donde la fuente de la autoridad residía exclusivamente en el pasado, en la fundación de Roma y la grandeza de los ancestros, conduce a estructuras institucionales cuya configuración requiere un tipo diferente de imagen, sobre la cual hablaremos más adelante. Sea como fuere, una forma autoritaria de gobierno con su estructura jerárquica es la menos igualitaria de todas las formas; incorpora la desigualdad y la distinción como principios omnipresentes.

Todas las teorías políticas sobre la tiranía coinciden en que esta pertenece estrictamente a las formas igualitarias de gobierno; el tirano es el gobernante que rige como uno contra todos, y los «todos» a los que oprime son todos iguales, es decir, igualmente impotentes. Si nos atenemos a la imagen de la pirámide, es como si todas las capas intermedias entre la cima y la base hubiesen sido destruidas, de modo que la cúspide permanece suspendida, sostenida solo por las proverbiales bayonetas, por encima de una masa de individuos cuidadosamente aislados, desintegrados y completamente iguales. La teoría política clásica solía ubicar al tirano al margen de la humanidad, lo llamaba «lobo con forma humana» (Platón), debido a esta posición de uno contra todos, en la que se había colocado a sí mismo y que hacía que su gobierno, el gobierno de uno, que Platón todavía llama indistintamente μον-αρχία o tiranía, se diferenciase con claridad de las diversas formas de reinado o βασιλεία.

Frente a los regímenes tiránicos y los autoritarios, la imagen adecuada del gobierno y la organización totalitarios es a mi juicio la estructura de la cebolla, en cuyo centro, en una especie de espacio vacío, se ubica el líder; cualquier cosa que él haga —ya integre el cuerpo político como en una jerarquía autoritaria u oprima a sus súbditos como un tirano— la hace desde dentro, y no desde fuera o desde arriba. Todas las partes extraordinariamente diversas del movimiento —las organizaciones de primera línea, las distintas agrupaciones profesionales, los miembros y la burocracia del partido, las formaciones de élite y los grupos policiales— están relacionadas de tal manera que cada una forma la fachada en una dirección y el centro en otra, es decir, desempeña el papel de mundo exterior normal para una capa y el papel de extremismo radical para otra. La gran ventaja de este sistema es que el movimiento proporciona a cada una de sus capas (incluso en condiciones de gobierno totalitario) la ficción de un mundo normal, junto con una conciencia de ser diferente y más radical que él. Así, los simpatizantes de las organizaciones de primera línea, cuyas convicciones solo difieren en intensidad de las de los miembros del partido, rodean todo el movimiento y ofrecen al mundo exterior una engañosa fachada de normalidad debido a su falta de fanatismo y extremismo, al mismo tiempo que representan el mundo normal para el movimiento totalitario, cuyos miembros llegan a creer que sus convicciones difieren solo en grado de las del resto de las personas, de modo que nunca necesitan ser conscientes del abismo que separa su propio mundo del que realmente lo rodea. La estructura de cebolla hace que la organización del sistema resista el impacto de los hechos del mundo real.[2]

Pero si bien tanto el liberalismo como el conservadurismo nos fallan en el momento en que intentamos aplicar sus teorías a las formas e instituciones políticas realmente existentes, apenas puede dudarse que sus afirmaciones generales contienen un alto grado de verosimilitud. Hemos visto que el liberalismo mide un proceso de regresión de la libertad, y el conservadurismo, un proceso de regresión de la autoridad; ambos llaman totalitarismo al resultado final esperado, y ven tendencias totalitarias dondequiera que se dé una de las dos regresiones. Sin duda, ambos pueden producir documentación excelente para sus hallazgos. ¿Quién negaría las graves amenazas a la libertad procedentes de todos los bandos desde principios de siglo y el surgimiento de todo tipo de tiranía, al menos desde el final de la Primera Guerra Mundial? ¿Quién puede negar, por otra parte, que la desaparición de casi todas las autoridades tradi-

---

2. Solo una descripción y un análisis detallados de la muy original estructura organizativa de los movimientos totalitarios y de las instituciones del gobierno totalitario podrían justificar el uso de la imagen de la cebolla. Debo remitir al lector al capítulo sobre «La organización totalitaria» de mi libro *Los orígenes del totalitarismo* (2.ª ed.), Nueva York, 1958.

cionalmente establecidas ha sido una de las características más espectaculares del mundo moderno? Parece
como si uno solo tuviese que fijar la mirada en cualquie-
ra de estos dos fenómenos para justificar una teoría del
progreso o una teoría de la fatalidad según su propio
gusto o, como suele decirse, según su propia «escala de
valores». Si contemplamos con ojos imparciales las declaraciones contradictorias de conservadores y liberales,
podemos ver fácilmente que la verdad se distribuye de
manera equitativa entre ellos y que, de hecho, nos en-
frentamos a un retroceso simultáneo de la libertad y de
la autoridad en el mundo moderno. En lo que respecta
a estos procesos, se puede incluso decir que las nume-
rosas oscilaciones de la opinión pública, que desde hace
más de ciento cincuenta años basculan regularmente de
un extremo al otro, del talante liberal al conservador y
de este a uno más liberal de nuevo, intentando a veces
reafirmar la autoridad y otras reafirmar la libertad, solo
han conducido a socavar más aún la una y la otra, a con-
fundir las cuestiones, desdibujar las líneas distintivas entre autoridad y libertad y, finalmente, destruir el significado político de ambas.

Tanto el liberalismo como el conservadurismo na-
cieron en este clima de violenta oscilación de la opinión
pública, y están ligados el uno al otro no solo porque
cada uno perdería su esencia sin la presencia de su opo-

nente en el campo de la teoría y la ideología, sino porque ambos se preocupan sobre todo por la restauración, por restaurar la libertad o la autoridad, o la relación entre ambas, por devolverlas a su posición tradicional. En este sentido, conforman las dos caras de la misma moneda, de igual modo que sus ideologías progresistas y fatalistas se corresponden con las dos posibles direcciones del proceso histórico como tal. Si asumimos, como hacen ambos, que existe tal cosa como un proceso histórico con una dirección definible y un final predecible, se hace obvio que ello solo puede llevarnos al paraíso o al infierno.

Es más, está en la naturaleza de la imagen misma con la que normalmente se concibe la historia, como proceso, corriente o desarrollo, que todo lo que ella comprende puede transformarse en cualquier otra cosa, que las distinciones pierden su sentido porque se vuelven obsoletas, quedan sumergidas, por así decirlo, por la corriente histórica, en el momento mismo en que han aparecido. Desde este punto de vista, el liberalismo y el conservadurismo se presentan como las filosofías políticas que se corresponden con la mucho más general y abarcadora filosofía de la historia del siglo XIX. En forma y contenido, son la expresión política de la conciencia histórica de la última etapa de la era moderna. Su incapacidad para distinguir, teóricamente justificada por los conceptos de historia y proceso, de progreso o fatalidad, testimonia una época en la que ciertas nociones, claras y distintivas en los siglos anteriores, han comenzado a perder su claridad y su plausibilidad porque han perdido su sentido en la realidad público-política —sin perder por completo su relevancia.

La segunda y más reciente teoría que implícitamente cuestiona la importancia de establecer distinciones es, sobre todo en las ciencias sociales, la consistente en la funcionalización casi universal de todos los conceptos e ideas. Aquí, como en el ejemplo citado antes, el liberalismo y el conservadurismo no difieren en el método, el punto de vista y el enfoque, sino solo en el énfasis y la evaluación. Un ejemplo conveniente puede ser la convicción generalizada en el mundo libre actual de que el comunismo es una nueva «religión», a pesar de su ateísmo declarado, porque cumple social, psicológica y «emocionalmente» la misma función que la religión tradicional cumplía antes, y sigue cumpliendo hoy en el mundo libre. La preocupación de las ciencias sociales no reside en lo que es el bolchevismo como ideología o como forma de gobierno, ni en lo que sus portavoces tienen que decir por sí mismos; no es ese el interés de tales ciencias, y muchos científicos sociales creen que pueden prescindir del estudio de lo que las ciencias históricas llaman las fuentes mismas. Su preocupación se centra únicamente en las funciones, y todo lo que cumple la misma función puede, según este punto de vista, llamarse del mismo modo. Es como si yo tuviera derecho a llamar martillo al tacón de mi zapato simplemente porque, como muchas mujeres, lo uso para poner clavos en la pared.

Es obvio que uno puede extraer conclusiones muy distintas de tales equiparaciones. Así, sería característico del conservadurismo insistir en que, al fin y al cabo, un tacón no es un martillo, pero que el uso del tacón como sustituto prueba que los martillos son indispensables. En otros términos, el hecho de que el ateísmo pueda desempeñar la misma función que la religión sería la mejor prueba de que dicha religión es necesaria, y el retorno a la auténtica religión sería el único modo de contrarrestar una «herejía». Por supuesto, el argumento es débil; si la clave fuera cómo funciona una cosa, los partidarios de la «falsa religión» tendrían tan buenos argumentos para usarla como los que tengo yo para usar como martillo el tacón, que no funciona mal. Los liberales, por el contrario, juzgan el mismo fenómeno como una traición a la causa del laicismo y creen que solo el «verdadero laicismo» puede curarnos de la perniciosa influencia que la falsa y la verdadera religión ejercen en la política. Sin embargo, estas recomendaciones opuestas, que urgen a la sociedad libre a retornar a la auténtica religión y hacerse más religiosa o, por el contrario, a liberarse de la religión institucional (sobre todo de la católica y de su constante amenaza al laicismo), difícilmente ocultan que los contrincantes coinciden en un punto: cualquier cosa que cumple la función de una religión es una religión.

El mismo argumento se emplea a menudo con respecto a la autoridad: si la violencia cumple la misma función que dicha autoridad, es decir, si hace que la gente obedezca, entonces equivale a ella. Una vez más, encontramos aquí a quienes aconsejan un retorno a la autoridad, porque piensan que solo reintroduciendo la relación orden-obediencia se pueden solucionar los problemas de una sociedad de masas, y a quienes creen que dicha sociedad de masas puede gobernarse a sí misma como cualquier otro cuerpo social. Y ambas partes vuelven a coincidir en la cuestión esencial: la autoridad es aquello que hace que la gente obedezca. Quienes denominan «autoritarias» a las modernas dictaduras o confunden el totalitarismo con una estructura autoritaria equiparan de forma implícita violencia con autoridad, y esto incluye a esos conservadores que explican el auge de las dictaduras en nuestro siglo por la necesidad de encontrar un sustituto de la autoridad. El punto central del argumento es siempre el mismo: todo está relacionado con un contexto funcional, y el uso de la violencia demostraría que ninguna sociedad puede existir fuera de un marco autoritario.

Los peligros de tales equiparaciones, tal como yo las veo, no solo residen en la confusión relativa a las cuestiones políticas y en la disolución de las líneas distintivas entre el totalitarismo y las demás formas de gobierno. No creo que el ateísmo sea un sustituto de la religión o que pueda cumplir la misma función que esta; del mismo modo, tampoco creo que la violencia pueda convertirse en un sustituto de la autoridad. Pero si seguimos las recomendaciones de los conservadores, quienes en este momento en particular tienen una buena ocasión de ser escuchados, estoy convencida de que no nos costará mucho producir tales sustitutos, de que emplearemos la violencia y pretenderemos haber restablecido la autoridad o de que nuestro redescubrimiento de la utilidad funcional de la religión producirá un sustituto de la religión, como si nuestra civilización no estuviera ya plagada de todo tipo de sucedáneos y disparates.

Comparadas con estas teorías, las diferenciaciones que he propuesto entre los sistemas tiránico, autoritario y totalitario son ahistóricas, siempre y cuando entendamos por historia no el espacio histórico en el que ciertas formas de gobierno aparecieron como entidades reconocibles, sino el proceso histórico en el que todo puede transformarse siempre en alguna otra cosa; y son antifuncionales en la medida en que el contenido del fenómeno determinaría tanto la naturaleza del cuerpo político como su función en la sociedad, y no al contrario. En términos políticos, mis diferenciaciones tienden a asumir que en el mundo moderno la autoridad ha desaparecido casi por completo, tanto en los llamados sistemas autoritarios como en el mundo libre, y que la libertad —esto es, la libertad de movimiento de los seres humanos— está amenazada en todas partes, incluso en las sociedades libres, pero solo es radicalmente abolida en los sistemas totalitarios, no en las tiranías y las dictaduras.

A la luz de esta situación actual, propongo que nos planteemos las siguientes preguntas: ¿cuáles fueron las experiencias políticas que se correspondieron con el concepto de autoridad y de las cuales surgió? ¿Cuál es la naturaleza de un mundo público-político constituido por la autoridad? ¿Es cierto que la afirmación platónico-aristotélica según la cual toda comunidad bien ordenada está constituida por quienes gobiernan y quienes son gobernados tuvo siempre validez antes de la era moderna? O, por decirlo de otra manera, ¿qué tipo de mundo llegó a su fin después de que la era moderna no solo desafiase una u otra forma de autoridad en diferentes esferas de la vida, sino que además hiciese que todo el concepto de autoridad perdiera por completo su vigencia?

II

La autoridad, como factor único cuando no decisivo en las comunidades humanas, no siempre ha existido, aunque tiene tras de sí una larga historia, y las experiencias en las que se basa este concepto no están necesariamente presentes en todos los cuerpos políticos. La palabra y el concepto son de origen romano. Ni la lengua griega ni las diversas experiencias políticas de la historia griega muestran conocimiento alguno de la autoridad y del tipo de gobierno que implica.[3] Esto se expresa de la forma más clara en la filosofía de Platón y Aristóteles, quienes, de maneras muy diferentes pero partiendo de las mismas experiencias políticas, intentaron introducir algo parecido a la autoridad en la vida pública de la polis griega.

3. Esto ya lo observó el historiador griego Dión Casio, quien, al escribir una historia de Roma, encontró imposible traducir la palabra *auctoritas*: «ελληνίσαι αυτό καθάπαξ άδύνατον εστι» (citado por Theodor Mommsen, *Römisches Staatsrecht*, 3.ª ed., 1888, vol. III, p. 952, n.º 4). Además, basta comparar el Senado romano —la institución específicamente autoritaria de la república— con el concilio nocturno de Platón en las *Leyes* —que, al estar compuesto por los diez guardianes más antiguos y ejercer la constante supervisión del Estado, se parece superficialmente a la institución romana— para tomar conciencia de la imposibilidad de encontrar una verdadera alternativa a la coerción y la persuasión en el marco de la experiencia política griega.

Existían dos tipos de gobierno a los que podían recurrir y de los que derivaron su filosofía política, uno que conocían del ámbito público-político y el otro de la esfera privada de la vida doméstica y familiar griega. En la polis, el gobierno absoluto era conocido como tiranía, y las principales características del tirano eran que gobernaba mediante la pura violencia, tenía que ser protegido del pueblo por un cuerpo de escoltas e insistía en que sus súbditos se ocuparan de sus propios asuntos y dejaran en manos de él el cuidado del ámbito público. Esta última característica, para la opinión pública griega, significaba que el tirano destruía por completo el ámbito público de la polis («Una polis que pertenece a un solo hombre no es una polis»)[4] y, por lo tanto, privaba a los ciudadanos de esa facultad política que consideraban la esencia misma de la libertad. Otra experiencia política de la necesidad de mando y obediencia podría haber sido proporcionada por la experiencia de la guerra, donde el peligro y la necesidad de tomar y ejecutar decisiones rápidamente parecen constituir una razón inherente para el establecimiento de la autoridad. Pero ninguno de estos modelos políticos podría servir para ese propósito. Tanto para Platón como para Aristóteles el tirano seguía siendo

---

4. «πόλις γάρ ούκ εσθ ητις άνδρός εσθ ενός», Sófocles, *Antígona*, 737.

el «lobo con forma humana», y el comandante militar estaba relacionado con una emergencia temporal de forma demasiado obvia como para poder servir de modelo para una institución permanente.

Debido a esta falta de experiencia política válida en la que basar su pretensión de un gobierno autoritario, tanto Platón como Aristóteles, aunque de maneras muy diferentes, tuvieron que basarse en ejemplos de relaciones humanas extraídos de la vida doméstica y familiar griega, donde el cabeza de familia gobernaba como «déspota», ejerciendo un dominio indiscutible sobre los miembros de su familia y los esclavos del hogar. El déspota, a diferencia del rey —el βασιλεύς, quien había sido el líder de los jefes de familia y, como tal, *primus inter pares*—, tenía por definición el poder de coaccionar. Pero era precisamente esta característica la que hacía que el déspota fuera inadecuado para fines políticos; su poder de coacción era incompatible no solo con la libertad de los demás sino también con la suya propia. Dondequiera que él gobernara solo había una relación, la existente entre amo y esclavos. Y el amo, según la opinión común griega (que aún ignoraba felizmente la dialéctica hegeliana), no era libre cuando se movía entre sus esclavos; su libertad consistía en su capacidad de abandonar completamente la esfera del hogar y moverse entre sus iguales, los hombres libres. Por tanto, ni el déspota ni el tirano —hallándose el uno entre esclavos y el otro entre súbditos— podían ser llamados hombres libres.

La autoridad implica una obediencia en la que los hombres conservan su libertad, y Platón creyó haber encontrado tal obediencia cuando, en su vejez, otorgó a las leyes esa cualidad que las convertiría en regidoras indiscutibles de todo el ámbito público: los hombres podían al menos albergar la ilusión de ser libres porque no dependían de otros hombres. Sin embargo, el gobierno de estas leyes fue interpretado de una manera obviamente despótica más que autoritaria, el signo más claro de lo cual es que Platón se vio inducido a hablar de ellas en términos de asuntos domésticos privados, y no en términos políticos, y a decir: νόμος δεσπότης των ἀρχόντων, οἱ δε ἄρχοντες δονλοι τοῦ νόμον, esto es, «la ley es la *déspota* de los gobernantes, y los gobernantes son los esclavos de la ley»[5] —se trata probablemente de una paráfrasis del verso de Píndaro νόμος βασιλεύς πάντων («una ley reina sobre todas las cosas»)—. Para Platón, el despotismo que se originaba en el hogar y su concomitante destrucción del ámbito político tal como lo entendía la Antigüedad seguían siendo utópicos. Pero resulta interesante observar que cuando la destrucción se hizo realidad en los últimos siglos del Imperio romano, el cam-

5. Platón, *Leyes*, 715.

bio se introdujo aplicando al gobierno público el término *dominus*, que en Roma (donde la familia también estaba «organizada como una monarquía»)[6] tenía el mismo significado que la palabra griega «déspota». Calígula fue el primer emperador romano que consintió en ser llamado *dominus*, es decir, que se le diera un nombre «que ya Augusto y Tiberio habían rechazado como si fuera una maldición y una injuria»,[7] precisamente porque implicaba un despotismo desconocido en el ámbito político, por muy familiar que resultase en el ámbito privado, doméstico.

Las filosofías políticas de Platón y Aristóteles han dominado todo el pensamiento político posterior, incluso cuando sus conceptos se han superpuesto a experiencias políticas tan diferentes como las de los romanos. Si queremos comprender no solo las experiencias políticas reales detrás del concepto de autoridad —el cual, al menos en su aspecto positivo, es exclusivamente romano—, sino también la autoridad tal como los propios

---

6. T. Mommsen, *Römische Geschichte*, lib. I, cap. 5.

7. H. Wallon, *Histoire de l'esclavage dans l'Antiquité*, París, 1847, vol. III. En esta obra se encuentra aún la mejor descripción de la pérdida gradual de la libertad romana bajo el Imperio, causada por el constante aumento del poder de la casa imperial. Dado que fue dicha casa imperial y no el emperador la que ganó poder, el «despotismo» que siempre había sido característico del hogar privado y de la vida familiar comenzó a dominar el ámbito público.

romanos la entendían ya teóricamente y la hicieron parte de la tradición política de Occidente, tendremos que ocuparnos brevemente de aquellos rasgos de la filosofía política griega que de manera tan decisiva han influido en su configuración.

En ningún otro lugar el pensamiento griego se ha acercado tanto al concepto de autoridad como en la *República* de Platón, en la que este confrontó la realidad de la polis con un gobierno utópico de la razón, encarnada en la persona del rey filósofo. El motivo para establecer la razón como la gobernante en el ámbito de la política fue exclusivamente político, pero las consecuencias de esperar que la razón se convirtiera en un instrumento de coerción quizá hayan sido no menos decisivas para la tradición de la filosofía que para la tradición de la política en Occidente. El funesto parecido entre el rey filósofo de Platón y el tirano griego, así como el daño potencial al ámbito político que el gobierno del primero implicaría, parece haber sido reconocido ya por Aristóteles;[8] pero que esta combinación de razón y gobierno

8. Un fragmento de su diálogo perdido *Sobre la monarquía* afirma que «es innecesario que un rey se convierta en filósofo; de hecho, ello supondría un obstáculo para su trabajo; pero es necesario [para un buen rey] escuchar al verdadero filósofo y seguir sus consejos» —véase *Aristotle's Constitution of Athens and related texts*, trad. de K. von Fritz y E. Kapp, 1950—. En términos aristotélicos,

implicaba también un peligro para la filosofía es algo que, hasta donde yo sé, solo ha sido señalado en la respuesta de Kant a Platón: «No es de esperar que los reyes filosofen o que los filósofos se conviertan en reyes, ni tampoco es deseable, porque la posesión del poder co-

---

tanto el rey filósofo de Platón como el tirano griego gobiernan en aras de su propio interés, y ello, para Aristóteles, aunque no para Platón, es una característica sobresaliente de los tiranos. Platón no era consciente de la similitud porque para él, como para la opinión griega común, la característica principal del tirano era que este privaba al ciudadano del acceso a un ámbito público, a un «mercado» donde podía mostrarse, ver y ser visto, escuchar y ser escuchado; el tirano prohibía el ἀγορεύειν y el πολιτεύεσθαι, confinaba a los ciudadanos en la privacidad de sus hogares y exigía ser el único encargado de los asuntos públicos. No dejaba de ser un tirano si usaba su poder únicamente en interés de sus súbditos —como sin duda hicieron algunos de los tiranos—. Según los griegos, ser desterrado a la privacidad de la vida hogareña equivalía a ser privado de las potencialidades específicamente humanas de la vida. En otras palabras, los mismos rasgos que tan convincentemente nos muestran el carácter tiránico de la República platónica —la eliminación casi completa de la privacidad y la omnipresencia de órganos e instituciones políticas— probablemente impidieron a Platón reconocer tal carácter tiránico. Para él, habría sido una contradicción en los términos calificar de tiranía una constitución que no solo no relegaba al ciudadano a su hogar sino que, por el contrario, no le dejaba ni un ápice de vida privada. Además, al definir el gobierno de la ley como «despótico», Platón subraya su carácter no tiránico. Porque se suponía que el tirano siempre gobernaba sobre hombres que habían conocido la libertad de una polis y que, al verse privados de ella, era probable que se rebelaran, mientras que se asumía que el déspota gobernaba sobre gentes que nunca habían conocido la libertad y eran rrompe inevitablemente el libre juicio de la razón»[9] —aunque ni siquiera esta respuesta llega a la raíz del asunto.

La razón por la que Platón quería que los filósofos se convirtieran en gobernantes de la ciudad radicaba en el conflicto entre el filósofo y la polis, o en la hostilidad de la polis hacia la filosofía, un hostilidad que probablemente había permanecido latente durante algún tiempo antes de revelarse como amenaza inmediata a la vida del filósofo, en el juicio y la muerte de Sócrates. Así, en términos políticos, la filosofía de Platón muestra la rebelión del filósofo contra la polis. El filósofo anuncia su pretensión de gobernar, pero no tanto por el bien de la polis y la política (aunque no se puede negar en Platón una motivación patriótica que distingue su filosofía de la de sus seguidores en la Antigüedad) como por el bien de la filosofía y la seguridad del filósofo.

Tras la muerte de Sócrates, Platón comenzó a contemplar la persuasión como insuficiente para guiar a los hombres, y buscó algo capaz de obligarlos sin utilizar

---

por naturaleza incapaces de ello. Es como si Platón dijera: mis leyes, vuestros nuevos déspotas, no os privarán de nada de lo que legítimamente disfrutabais antes; se adecúan a la naturaleza misma de los asuntos humanos y no tenéis más derecho a rebelaros contra su gobierno que el esclavo a rebelarse contra su amo.

9. I. Kant, *La paz perpetua*. Véase *The Philosophy of Kant*, ed. y trad. de C. J. Friedrich, Modern Library Edition, 1949, p. 456.

medios externos de violencia. Muy temprano en su búsqueda debió de descubrir que la verdad, es decir, las verdades que llamamos evidentes por sí mismas, obliga a la mente, y que esta coerción, aunque no necesita de la violencia para ser efectiva, es más fuerte que la persuasión y el argumento. Pero el inconveniente de la coerción a través de la razón es que solo unos pocos están sujetos a esta última, de modo que surge el problema de cómo asegurar que los muchos, las personas que en su multitud misma componen el cuerpo político, puedan verse sometidos a la misma verdad. Aquí, sin duda, es necesario encontrar otros medios de coerción, y debe evitarse recurrir a la violencia si no se quiere destruir la vida política tal como la entienden los griegos.[10] Este es el dilema central de la filosofía política de Platón, y ha seguido constituyendo un dilema para todos los intentos de establecer una tiranía de la razón. En la *República,* el problema se resuelve mediante el mito final de las recompensas y los castigos en el más allá, un mito en el que el propio Platón obviamente no creía ni quería que los fi-

---

10. K. von Fritz insiste acertadamente en la aversión de Platón a la violencia, «revelada también en el hecho de que, dondequiera que el filósofo intentó lograr un cambio de las instituciones políticas en la línea de sus ideales políticos, se dirigió a hombres que ya estaban en el poder» —*Aristotle's Constitution of Athens and related texts, op. cit.,* p. 54.

lósofos creyeran. Y es que la alegoría de la caverna a mitad de la *República* atañe a una minoría o al filósofo, mientras que el mito del infierno al final de la obra atañe la mayoría, incapaz de alcanzar la verdad filosófica. En las *Leyes*, Platón se enfrenta al mismo dilema, pero de manera opuesta; aquí propone un sustituto de la persuasión, la introducción a las leyes, en la que se explica a los ciudadanos la intención y el propósito de las mismas.

En sus intentos por encontrar un principio legítimo de coerción, Platón se guio originalmente por un gran número de modelos de relaciones ya existentes, como las que se dan entre el pastor y sus ovejas, entre el timonel de un barco y los pasajeros, entre el médico y el paciente o entre el amo y el esclavo. En todos estos casos, o bien el conocimiento experto infunde confianza, de modo que ni la fuerza ni la persuasión son necesarias para obtener la conformidad, o bien el gobernante y los gobernados pertenecen a dos categorías de seres completamente distintos, uno de los cuales ya está implícitamente sometido al otro, como en los casos del pastor y su rebaño o del amo y sus esclavos. Todos estos ejemplos están tomados de aquello que para los griegos constituía la esfera privada de la vida, y aparecen una y otra vez en todos los grandes diálogos políticos, la *República, El político* y las *Leyes*. Sin embargo, es evidente que la relación entre amo y esclavo tiene una relevancia especial. El amo, según lo expuesto en *El político*, sabe lo que se debe hacer y da sus órdenes, mientras que el esclavo las ejecuta y obedece, de modo que saber qué hacer y hacerlo efectivamente se convierten en funciones separadas y mutuamente excluyentes. Y estas, en la *República*, constituyen las características políticas de dos clases diferentes de hombres. La plausibilidad de estos ejemplos radica en la desigualdad natural que prevalece entre gobernantes y gobernados, más evidente en el ejemplo del pastor, donde el propio Platón concluye irónicamente que ningún hombre, solo un dios, podría relacionarse con los seres humanos como el pastor se relaciona con sus ovejas. Aunque es obvio que el propio Platón no estaba satisfecho con estos modelos, volvió a ellos una y otra vez para su propósito de establecer la «autoridad» del filósofo sobre la polis, porque solo en esos casos de flagrante desigualdad se podía mandar sin tomar el poder y poseer los medios de la violencia. Lo que él buscaba era una relación donde lo que compelía residiera en la relación misma y fuera anterior a la emisión real de órdenes; el paciente quedaba sujeto a la autoridad del médico cuando caía enfermo, y el esclavo quedaba bajo el mando de su amo cuando se convertía en esclavo.

Es importante tener presentes estos ejemplos para comprender qué tipo de coerción esperaba Platón que ejerciera la razón en manos del rey filósofo. Aquí, cierto es, el poder de compeler no reside en la persona o en la desigualdad como tal, sino en las ideas que percibe el filósofo. Estas ideas pueden usarse como medidas del comportamiento humano porque trascienden la esfera de los asuntos humanos de la misma manera que una vara de medir trasciende (está fuera y más allá de) todas las cosas cuya longitud puede medir. En la parábola de la caverna, en la *República,* el cielo de las ideas se extiende sobre la caverna de la existencia humana y, por lo tanto, puede convertirse en su modelo. Pero el filósofo que abandona la caverna por el cielo puro de las ideas no lo hace originalmente para aprender ese modelo y el «arte de la medida»,[11] sino para contemplar la verdadera esencia del Ser —«βλεπειν εἰς τό ἀληθεστατovn»—. Por lo tanto, el elemento básicamente autoritativo de las ideas, es decir, la cualidad que les permite regir y compeler, no es en absoluto algo natural. Las ideas se convierten en patrones solo después de que el filósofo haya abandonado el brillante cielo de las ideas y regresado a la oscura

11. W. Jaeger escribe en *Paideia* (Nueva York, 1943, vol. II, p. 416n): «La idea de que existe un arte supremo de medición, y de que el conocimiento que el filósofo tiene de los valores *(phronesis)* consiste en la capacidad de medir, recorre la obra de Platón de principio a fin». Esto es cierto solo en lo que atañe a su filosofía política. La propia palabra φρόνησις caracteriza en Platón y Aristóteles la perspicacia del estadista más que la «sabiduría» del filósofo.

caverna de la existencia humana. En esta parte del relato, Platón aborda el motivo más profundo del conflicto entre el filósofo y la polis.[12] Habla de la pérdida de orientación del filósofo en los asuntos humanos, de la ceguera que afecta a sus ojos, del problema de no ser capaz de comunicar lo que ha visto y del peligro real que todo ello conlleva para su vida. Ante esta dificultad, el filósofo recurre a lo que ha visto, las ideas, como patrones y medidas, y finalmente, temiendo por su vida, las emplea como instrumentos de dominación.

Para la transformación de las ideas en patrones, Platón se ayuda de una analogía tomada de la vida práctica, donde parece que también todas las artes y oficios se guían por las «ideas», es decir, por las «formas» de los objetos, visualizadas por el ojo interno del artesano, quien luego las reproduce en la realidad mediante la imitación.[13] Esta analogía le permite a Platón comprender el carácter trascendente de las ideas de la misma manera que entiende la existencia trascendente del modelo —el cual, ubicado más allá del proceso de fabricación, guía dicho proceso y mide en última instancia su éxito o fracaso—. Las ideas se convierten en patrones inquebran-

---

12. Platón, *República*, lib. VII, 516-517.

13. Véanse especialmente la *República*, pp. 596 y ss., y *Timeo*, 31, donde el divino Demiurgo hace el universo según un modelo, un παράδειγμα.

tables y «absolutos» para el comportamiento y el juicio político y moral, en el mismo sentido en que la «idea» de una cama en general es el patrón para hacer cada cama particular y juzgar su idoneidad. Porque no hay gran diferencia entre utilizar las ideas como modelos y utilizarlas, de una manera algo más tosca, como criterios reales de conducta. Así, Aristóteles, en su primer diálogo, escrito bajo la influencia directa de Platón, ya compara «la ley más perfecta», es decir, la ley que constituye la mejor aproximación posible a la idea, con «la plomada, la regla y el compás... [que] sobresalen entre todas las herramientas».[14]

Solo en este contexto las ideas se relacionan con la variada multitud de cosas concretas de la misma manera que una vara de medir se relaciona con la variada multitud de cosas mensurables, o que el gobierno de la razón o sentido común se relaciona con la variada multitud de acontecimientos concretos que puede abarcar. Este aspecto de la doctrina platónica de las ideas ha ejercido la mayor de las influencias en la tradición occidental, e incluso Kant, a pesar de tener un concepto muy distinto y considerablemente más profundo del juicio humano, mencionó en ocasiones esta capacidad de sub-

---

14. Aristóteles, «Protréptico», en *Aristotle's Constitution of Athens and related texts, op. cit.*

sumir como la función esencial de tal juicio humano. Asimismo, la característica esencial de las formas de gobierno específicamente autoritarias —consistente en que la fuente de su autoridad, que legitima el ejercicio del poder, debe estar más allá de la esfera de poder y, al igual que la ley de la naturaleza o los mandamientos de Dios, no deber ser creación del hombre— se remonta a esta aplicabilidad de las ideas en la filosofía política de Platón.

Al mismo tiempo, la analogía con la fabricación y con las artes y oficios ofrece una buena oportunidad para justificar lo que de otro modo sería un uso muy discutible de ejemplos y casos tomados de actividades en las que son necesarios cierto conocimiento experto y cierta especialización. Aquí el concepto de experto entra por primera vez en el ámbito de la acción política, y el estadista es contemplado como alguien competente para ocuparse de los asuntos humanos en el mismo sentido en que el carpintero es competente para fabricar muebles o el médico lo es para curar a los enfermos. Estrechamente relacionado con esta elección de ejemplos y analogías está el elemento de la violencia, que es tan obvio en la república utópica de Platón y que, de hecho, frustra constantemente la gran preocupación del filósofo por asegurar la obediencia voluntaria, es decir, por establecer un fundamento sólido para lo que, desde los romanos, llamamos autoridad. Platón resolvió su dilema mediante relatos bastante extensos sobre un más allá con recompensas y castigos, que él esperaba que la mayoría creyera literalmente, y sobre cuyo uso, por lo tanto, llamaba la atención de la minoría al cierre de casi todos sus diálogos políticos. En vista de la enorme influencia que estos relatos han ejercido sobre las imágenes del infierno en el pensamiento religioso, es importante señalar que fueron concebidos con fines puramente políticos. En Platón constituyen tan solo un ingenioso recurso con el que, sin el empleo real de la violencia, imponer la obediencia a aquellos que no están sujetos al poder apremiante de la razón.

En nuestro contexto, sin embargo, tiene mayor relevancia el que un elemento de violencia es inevitablemente inherente a todas las actividades consistentes en hacer, fabricar y producir, es decir, todas las actividades mediante las cuales los hombres se enfrentan directamente la a naturaleza, distintas de actividades tales como la acción y el habla, que están dirigidas principalmente a los seres humanos. La construcción del artificio humano implica siempre algún tipo de violencia contra la naturaleza: debemos matar un árbol para obtener madera, y debemos violentar ese material para construir una mesa. En los pocos casos en que Platón muestra una peligrosa preferencia por la forma tiránica de gobierno, se ve llevado a este extremo por sus propias analogías. Esto, obviamente, le resulta más tentador que nunca cuando él habla de la forma correcta de fundar nuevas comunidades, porque esta fundación puede contemplarse fácilmente como un proceso de «creación» más. Si la república ha de ser construida por alguien que es el equivalente político de un artesano o artista, según una τέχνη establecida y según las normas y patrones válidos en este «arte» particular, entonces el tirano está ciertamente en la mejor posición para lograr el propósito.[15]

Hemos visto ya que, en la parábola de la caverna, el filósofo sale de esta en busca de la verdadera esencia del Ser, sin pensar en la aplicabilidad práctica de lo que va a encontrar. Solo más tarde, cuando vuelve a hallarse confinado en la oscuridad y la incertidumbre de los asuntos humanos y se topa con la hostilidad de sus congéneres, comienza a pensar en su «verdad» en términos de un criterio aplicable al comportamiento de otras personas. Esta discrepancia entre las ideas como verdaderas esencias que contemplar y como patrones que aplicar[16]

15. Platón, *Leyes,* 710-711.
16. La presentación que aquí hago está en deuda con la gran interpretación de la parábola de la caverna que Martin Heidegger ofrece en *Platons Lehre von der Wahrheit,* Berna, 1947. Allí muestra cómo Platón transformó el concepto de verdad (ἀλήθεια) hasta volverlo idéntico a las afirmaciones correctas (ὀρθότης). En efecto, lo

se manifiesta en las dos ideas completamente distintas que representan la idea más elevada, aquella a la que todas las demás deben su existencia. En Platón, esta idea suprema es la de lo bello, como en *El banquete,* donde constituye el peldaño más alto de la escalera que conduce a la verdad,[17] y en *Fedro,* donde se nos habla del «amante de la sabiduría o de la belleza» como si en realidad ambas fueran lo mismo, porque la belleza es lo que «más resplandece» (lo bello es ἐκφανέστατον) y por lo tanto ilumina todo lo demás;[18] o bien la idea más elevada es la idea del bien, como en la *República.*[19] Obviamente la elección de Platón se basó en el ideal vigente de καλός καί ἀγαθός, pero llama la atención que la idea del bien se encuentre solo en el contexto estrictamente político de la *República.* Si analizásemos las experiencias filosó-

---

requerido es corrección, y no verdad, si el conocimiento del filósofo consiste en la capacidad de medir. Aunque Heidegger menciona explícitamente los riesgos que corre el filósofo cuando se ve obligado a regresar a la caverna, no es consciente del contexto político en el que aparece la parábola. Según él, la transformación se produce porque el acto subjetivo de la visión (el ἰδεῖν y la ἰδέα en la mente del filósofo) prevalece sobre la verdad objetiva (ἀλήθεια), la cual, según Heidegger, significa *Unverborgenheit (desvelamiento).*

17. Platón, *El banquete,* 211-212.

18. *Id., Fedro,* 248 (φίλοσοφος η φιλόκαλος) y 250.

19. En la *República,* 518, lo bueno es también llamado φανότατον, «lo más resplandeciente». Sin duda, es precisamente esta cualidad la que indica la primacía original de lo bello sobre lo bueno en el pensamiento de Platón.

ficas originales que subyacen a la doctrina de las ideas (lo cual no podemos hacer aquí), veríamos que la idea de lo bello como la idea más elevada reflejaba estas experiencias mucho más adecuadamente que la idea del bien. Incluso en los primeros libros de la *República* el filósofo es todavía definido como un amante de la belleza, no del bien, y solo en el libro sexto se introduce la idea del bien como idea suprema.[20] Porque la función original de las ideas no era regir o resolver el caos de los asuntos humanos, sino, con «brillante claridad», iluminar la oscuridad de los mismos. Las ideas, como tales, no tienen nada que ver con la política, la experiencia política y el problema de la acción, sino que pertenecen en exclusiva al ámbito de la filosofía, la experiencia de la contemplación y la búsqueda del «verdadero ser de las cosas». De hecho, gobernar, medir, subsumir y regular resultan completamente ajenos a las experiencias subyacentes a la doctrina de las ideas en su concepción ori-

---

20. *Ibid.*, 475-476. En la tradición de la filosofía, el resultado de tal repudio platónico de lo bello ha sido la omisión de este en los llamados trascendentales o universales, es decir, esas cualidades que posee todo aquello que es, y que fueron enumeradas en la filosofía medieval como *unum, alter, ens* y *bonum.* Jacques Maritain, en su maravilloso libro *Creative Intuition in Art and Poetry*, es consciente de esta omisión e insiste en que la belleza sea incluida en el reino de lo trascendental, porque dicha «belleza es el resplandor de todos los trascendentales unidos» —Bollingen Series XXXV, I, 1953, p. 162.

ginal. Parece que Platón fue el primero en molestarse ante la «irrelevancia» política de su nueva enseñanza, e intentó modificar la doctrina de las ideas para que fuera útil para una teoría de la política. Pero la utilidad solo podría salvarse mediante la idea del bien, ya que «bueno» en el vocabulario griego significa siempre «bueno para» o «adecuado». Si la idea más elevada, de la que todas las demás ideas deben participar para ser ideas, es la de aptitud, entonces las ideas son aplicables por definición, y en manos del filósofo, el experto en ideas, pueden convertirse en normas y patrones o, como más adelante en las *Leyes,* pueden convertirse en tales leyes. (La diferencia es irrelevante: lo que en la *República* sigue siendo la pretensión personal del filósofo, el rey filósofo, es decir, gobernar, se convierte en las *Leyes* en la pretensión impersonal de la razón.) La consecuencia real de esta interpretación política de la doctrina de las ideas sería que ni el hombre ni un dios son la medida de todas las cosas, sino que lo es el bien mismo, una consecuencia que al parecer Aristóteles (no Platón) extrajo en uno de sus primeros diálogos.[21]

21. *El político:* «Porque la medida más exacta de todas las cosas es el bien» (citado por K. von Fritz en *Aristotle's Constitution of Athens and related texts, op. cit.*). Tal noción debe de haber consistido en que solo mediante el concepto del bien las cosas se vuelven comparables y, por tanto, mensurables.

Para nuestro propósito aquí, es esencial recordar que el elemento de gobernanza, tal como se refleja en nuestro concepto actual de autoridad enormemente influido por el pensamiento platónico, se remonta a un conflicto entre filosofía y política, pero no a experiencias específicamente políticas, es decir, experiencias derivadas de manera directa del ámbito de los asuntos humanos. No se puede entender a Platón sin tener presente tanto su enfática insistencia en la irrelevancia filosófica de este ámbito —el cual no debía tomarse demasiado en serio—, como el hecho de que el propio Platón, a diferencia de casi todos los filósofos que le sucedieron, todavía se preocupaba por los asuntos humanos lo suficiente como para cambiar el centro mismo de su pensamiento y hacerlo aplicable a la política. Y es esta ambivalencia, más que cualquier exposición formal de su nueva doctrina de las ideas, lo que constituye el verdadero contenido de la parábola de la caverna en la *República,* un parábola que, al fin y al cabo, es narrada en el contexto de un diálogo estrictamente político que busca la mejor forma de gobierno. En medio de esta búsqueda, Platón cuenta su parábola, que resulta ser la historia del filósofo en este mundo —como si hubiera tenido la intención de escribir la biografía resumida del filósofo en general—. Por lo tanto, la búsqueda de la mejor forma de gobierno se revela como la búsqueda del mejor gobierno para los filósofos, que resulta ser un gobierno en el que los filósofos se han convertido en los gobernantes de la ciudad —una solución no demasiado sorprendente para quienes habían sido testigos de la vida y muerte de Sócrates.

Pero el gobierno del filósofo necesitaba una justificación, y esta solo era posible si la verdad del filósofo poseía validez para ese mismo ámbito de los asuntos humanos del que el filósofo tenía que apartarse para percibir dicha verdad. En la medida en que el filósofo no es más que tal filósofo, su búsqueda termina con la contemplación de la verdad suprema, la cual, dado que ilumina todo lo demás, es también la belleza suprema; pero en la medida en que el filósofo es un hombre entre los hombres, un mortal entre los mortales y un ciudadano entre los ciudadanos, debe tomar su verdad y transformarla en un conjunto de reglas, y después, en virtud de esa transformación, puede reclamar convertirse en un verdadero gobernante, el rey filósofo. Las vidas de la mayoría en la caverna sobre la que el filósofo ha establecido su gobierno se caracterizan no por la contemplación, sino por el λεξις, el habla, y la πραξις, la acción; por eso Platón describe a los habitantes de esa caverna como si también ellos estuviesen interesados únicamente en ver: primero las imágenes en la pantalla, luego las cosas mismas a la tenue luz del fuego en la caverna, hasta que finalmente aquellos que quieren contemplar la verdad misma deben abandonar por completo el mundo común de la caverna y embarcarse solos en su nueva aventura.

En otras palabras, todo el ámbito de los asuntos humanos es contemplado desde la perspectiva de una filosofía que asume que incluso quienes habitan la caverna de los asuntos humanos son humanos solo en la medida en que ellos también quieren ver, aunque permanezcan engañados por sombras e imágenes. Y el gobierno del rey filósofo, es decir, el dominio sobre los asuntos humanos ejercido por algo ajeno a ese ámbito, se justifica no solo por una prioridad absoluta del ver sobre el hacer, de la contemplación sobre el habla y la acción, sino también por la asunción de que lo que hace humanos a los hombres es el deseo de ver. De ahí que coincidan el interés del filósofo y el interés del hombre en cuanto hombre; ambos exigen que los asuntos humanos, el resultado del habla y la acción, no adquieran una dignidad propia, sino que estén sujetos al dominio ejercido por algo ajeno a su ámbito.

III

La disyuntiva entre contemplar la verdad en soledad y distanciamiento o estar atrapado en las relaciones y relatividades de los asuntos humanos se volvió indiscutible para la tradición del pensamiento político. Tal disyuntiva se expresa con mayor fuerza en la parábola de la caverna de Platón y, por lo tanto, en cierto sentido, uno se siente tentado de ver su origen en la doctrina platónica de las ideas. Históricamente, sin embargo, no se basó en la aceptación de esta doctrina, sino más bien en una actitud que Platón expresó solo una vez, casi casualmente, en un comentario azaroso, y que Aristóteles citó más tarde de manera casi literal en una famosa frase de la *Metafísica*, a saber, que el comienzo de toda filosofía es el θαυμάζειν, el asombro ante todo lo que es tal como es. Más que cualquier otra cosa, la «teoría» griega es la prolongación de este asombro inicial, y la filosofía griega, su articulación y su conceptualización. Ser capaz de tal asombro es lo que separa a unos pocos de la mayoría, y la permanente consagración a ello es lo que los distancia de los asuntos de los hombres. Por lo tanto, Aristóteles, sin aceptar la doctrina de las ideas de Platón, e incluso repudiando su Estado ideal, todavía lo siguió en lo principal no solo al separar una «forma de vida teórica» (βίος θεωρητικός) de una vida dedicada a los asuntos humanos (βίος πολιτικός) —el primero en establecer un orden jerárquico de tales modos de vida había sido Platón en su *Fedro*—, sino que además aceptó como algo natural ese orden jerárquico implícito. La clave, en nuestro contexto, no es solo que se suponía que el pensamiento gobernaba la acción, que prescribía principios a la acción de modo que las reglas de esta se derivaran invariablemente de las experiencias de aquel, sino además que a través de las βίοι, la identificación de actividades con modos de vida, el principio de gobierno se estableció también entre los hombres. Históricamente, esto se convirtió en el sello distintivo de la filosofía política de la escuela socrática, y la ironía de este desarrollo es quizá que lo que Sócrates había temido y tratado de prevenir en la polis era precisamente esta dicotomía entre pensamiento y acción.

Así, es en la filosofía política de Aristóteles donde encontramos la segunda tentativa de establecer un concepto de autoridad en términos de gobernantes y gobernados; tal tentativa fue de igual importancia para el desarrollo de la tradición del pensamiento político, aunque Aristóteles adoptó un enfoque básicamente distinto. Para él, la razón no tiene rasgos dictatoriales ni tiránicos, y no existe ningún rey filósofo que regule los asuntos humanos de una vez por todas. Su razón para sostener que «cada cuerpo político está compuesto por aquellos que gobiernan y aquellos que son gobernados» no se deriva de la superioridad del experto sobre el profano; además, Aristóteles es demasiado consciente de la diferencia entre actuar y hacer como para tomar sus ejemplos del ámbito de la fabricación. Hasta donde se me alcanza, él fue el primero que, con el propósito de establecer reglas en el manejo de los asuntos humanos, apeló a la «naturaleza», la cual «establece la diferencia... entre los más jóvenes y los mayores, destinados unos a ser gobernados y los otros a gobernar».[22]

La simplicidad de este argumento es tanto más engañosa cuanto que siglos de repetición lo han convertido en un lugar común. Quizá por ello solemos obviar su flagrante contradicción con la definición aristotélica de la polis, que encontramos también en la *Política:* «La polis es una comunidad de iguales en aras de una vida que es potencialmente la mejor».[23] Sin duda, la noción de gobierno en la polis estaba para el propio Aristóteles tan lejos de ser convincente que él, uno más coherentes y menos contradictorios entre los grandes pensadores, no se sentía particularmente obligado por su propio argumento. Así pues, no debemos sorprendernos cuando leemos al comienzo de la *Económica* (un tratado atribuido a Aristóteles, pero escrito por uno de sus discípulos más cercanos) que la diferencia esencial entre una

22. Aristóteles, *Política,* 1332b12 y 1332b36. La distinción entre los más jóvenes y los mayores se remonta a Platón; véanse la *República,* 412, y las *Leyes,* 690 y 714. La apelación a la naturaleza es aristotélica.

23. *Ibid.,* 1328b35.

comunidad política (la πόλις) y un hogar privado (la οἰκία) es que este constituye una «monarquía», un gobierno de un solo hombre, mientras que la polis, por el contrario, «está compuesta por muchos gobernantes».[24] Para comprender esta descripción, debemos recordar primero que las palabras «monarquía» y «tiranía» eran empleadas como sinónimos y en clara antítesis del término reinado; en segundo lugar, que el carácter de la polis como «compuesta por muchos gobernantes» no tiene nada que ver con las diversas formas de gobierno que normalmente se oponen al gobierno de un solo hombre, tales como la oligarquía, la aristocracia o la democracia. Los «muchos gobernantes» en este contexto son los cabezas de familia, quienes se han establecido como «monarcas» en el hogar antes de unirse para constituir el ámbito público-político de la ciudad. El gobierno en sí y la distinción entre gobernantes y gobernados pertenecen a una esfera que precede al ámbito político, y lo que la distingue de la esfera «económica» del hogar es que la polis se basa en el principio de igualdad y no distingue entre gobernantes y gobernados.

En esta distinción entre lo que hoy llamaríamos las esferas privada y pública, Aristóteles únicamente articula la opinión pública corriente en la Grecia de entonces, se-

24. *Id., Económica*, 1343a1-4.

gún la cual «cada ciudadano forma parte de dos órdenes de existencia», porque «la polis da a cada individuo [...], además de su vida privada, una especie de segunda vida, su βίος πολιτικός».[25] (Aristóteles llama a esta última «buena vida» y redefine su contenido; lo que ocurre es que esta definición, no la diferenciación en sí, chocaba con la opinión griega común.) Ambos órdenes eran formas de convivencia humana, pero solo la comunidad del hogar se preocupaba por el mantenimiento de la vida en sí, por hacer frente a las necesidades físicas (ἀναγκαῖα) relacionadas con el mantenimiento de la vida individual y la supervivencia de la especie. A diferencia de lo que ocurre en el enfoque moderno, la preservación de la vida, tanto del individuo como de la especie, pertenecía exclusivamente a la esfera privada del hogar, mientras que en la polis el hombre aparecía κατ᾽ἀριθμόν, como una personalidad individual, tal como diríamos hoy.[26] En cuanto seres vivos preocupados por la preservación de la vida, los hombres se enfrentan a la necesidad y se ven conducidos por ella. Es necesario superar la necesidad antes de que pueda comenzar la «buena vida» política, y solo se la puede superar mediante la dominación. Es decir, la libertad de la «buena vida» se basa en dominar la necesidad.

25. W. Jaeger, *Paideia, op. cit.,* vol. I, p. 111.
26. Aristóteles, *Económica,* 1343b24.

La superación de la necesidad tiene entonces como objetivo controlar las necesidades de la vida, que coaccionan a los hombres y los mantienen bajo su poder. Pero tal dominación de la necesidad solo puede lograrse controlando y violentando a otros, quienes, como esclavos, hacen que los hombres libres no estén sujetos a la coacción de la necesidad. El hombre libre, el ciudadano de una polis, no está coaccionado por las necesidades físicas de la vida ni sujeto a la dominación del hombre por el hombre. No basta con que no sea un esclavo: debe poseer esclavos y gobernar sobre ellos. La libertad del ámbito político comienza después de que todas las necesidades elementales de la pura vida hayan sido superadas mediante el gobierno, de modo que la dominación y el sometimiento, el mando y la obediencia, gobernar y ser gobernado son condiciones previas para establecer el ámbito político precisamente porque no son su contenido.

Es indiscutible que Aristóteles, como Platón antes que él, pretendía introducir una especie de autoridad en el manejo de los asuntos públicos y la vida de la polis, y sin duda por muy buenas razones políticas. Pero también él tuvo que recurrir a una especie de solución improvisada para hacer plausible la introducción en el ámbito político de una distinción entre gobernantes y gobernados, entre quienes mandan y quienes obedecen.

Y también él podía tomar sus ejemplos y modelos únicamente de una esfera prepolítica, del ámbito privado del hogar y de las experiencias de una economía esclavista. Esto lleva a Aristóteles a realizar afirmaciones manifiestamente contradictorias, en la medida en que superpone a las acciones y la vida en la polis unas normas que, como explica en otro lugar, solo son válidas para el comportamiento y la vida en la comunidad del hogar. La incoherencia de su empeño es evidente incluso si consideramos solo el famoso ejemplo de la *Política* antes mencionado, en el que la diferenciación entre gobernantes y gobernados se deriva de la diferencia natural entre los más jóvenes y los mayores. Porque este ejemplo es en sí sumamente inadecuado para sustentar el argumento de Aristóteles. La relación entre los más jóvenes y los mayores es esencialmente educativa, y esta educación se refiere en exclusiva a la formación de los futuros gobernantes por parte de los actuales. Si la idea de gobierno tiene cabida aquí, se trata de algo completamente distinto de las formas políticas de gobierno, no solo porque está limitado en el tiempo y en la intención, sino porque ocurre entre personas que son potencialmente iguales. Pero la sustitución de la educación por el gobierno tuvo consecuencias de mayor alcance. A causa de ella, los gobernantes se han hecho pasar por educadores y los educadores han sido acusados de gobernar. Hoy, como entonces, nada es más cuestionable que la relevancia política de ejemplos extraídos del campo de la educación. En el ámbito político siempre tratamos con adultos que han superado la edad de la educación propiamente dicha, y la política o el derecho a participar en la gestión de los asuntos públicos comienzan precisamente donde la educación ha llegado a su fin. (La educación de adultos, individual o comunitaria, puede ser de gran importancia para la formación de la personalidad, su pleno desarrollo o su mayor enriquecimiento, pero es políticamente irrelevante a menos que su propósito sea satisfacer ciertos requisitos técnicos, de algún modo no adquiridos en la juventud, y necesarios para la participación en la vida pública.) Por el contrario, en la educación siempre tratamos con personas que todavía no pueden ser admitidas en la política y en la igualdad, porque se las está preparando para ello. Sin embargo, el ejemplo de Aristóteles es de gran relevancia porque es cierto que la necesidad de «autoridad» es más plausible y evidente en la crianza y educación de los niños que en cualquier otro lugar. Por eso es tan característico de nuestro tiempo querer erradicar incluso esta forma de autoridad muy limitada y políticamente irrelevante.

En términos políticos, la autoridad solo puede adquirir un carácter educativo si suponemos, como los romanos, que en todas las circunstancias los antepasados representan el ejemplo de grandeza para cada generación sucesiva; son, por definición, los *maiores*. Dondequiera que el modelo de educación a través de la autoridad, sin esta convicción fundamental, se ha superpuesto al ámbito de la política (lo cual ha sucedido con bastante frecuencia y sigue siendo un pilar de la argumentación conservadora), ha servido principalmente para fingir que se pretende gobernar y educar cuando en realidad lo que se quiere es dominar.

Los grandiosos intentos de la filosofía griega de encontrar un concepto de autoridad que evitara el deterioro de la polis y salvaguardara la vida del filósofo fracasaron debido a que en el ámbito de la vida política griega no se tenía conciencia de un autoridad basada en la experiencia política inmediata. De ahí que todos los prototipos mediante los cuales las generaciones posteriores entendieron el contenido de la autoridad se extrajeran de experiencias específicamente apolíticas, provenientes ya sea de la esfera de la «fabricación» y las artes, donde debe haber expertos y donde la idoneidad es el criterio más elevado, o del ámbito privado de la comunidad del hogar. Y es justo en este aspecto políticamente determinado donde la filosofía de la escuela socrática ha ejercido su mayor impacto en nuestra tradición. Aún hoy creemos que Aristóteles definió al hombre sobre todo como un ser político dotado de habla o razón, cuando lo hizo únicamente en un contexto político, o que Platón expuso el significado original de su doctrina de las ideas en la *República,* donde, por el contrario, lo cambió por razones políticas. La filosofía política griega, a pesar de su grandeza, tal vez no habría perdido su carácter utópico inherente si los romanos, en su infatigable búsqueda de tradición y autoridad, no hubieran decidido apropiarse de ella y reconocerla como su máxima autoridad en todos los asuntos de teoría y pensamiento. Pero los romanos solo pudieron lograr esta integración porque tanto la autoridad como la tradición habían desempeñado ya un papel decisivo en la vida política de la República romana.

IV

En el corazón de la política de Roma, desde el comienzo de la República hasta prácticamente el final de la era imperial, se encuentra la convicción del carácter sagrado de la fundación, en el sentido de que una vez que algo ha sido fundado es vinculante para todas las generaciones futuras. Participar en política significaba ante todo preservar la fundación de la ciudad de Roma. Esta es la razón por la que los romanos no pudieron repetir la fundación de su primera polis cuando creaban una colonia, pero sí fueron capaces de ampliar la fundación original hasta que toda Italia y, finalmente, todo el mundo occidental quedaron unidos y administrados por Roma, como si el mundo entero no fuera más que periferia de dicha Roma. De principio a fin, los romanos estuvieron ligados a la localización específica de esta ciudad y, a diferencia de los griegos, no podían decir en tiempos de emergencia o superpoblación: «Ve y funda una nueva ciudad, porque dondequiera que estés, siempre estarás en una polis». No fueron los griegos, sino los romanos, quienes estuvieron realmente arraigados en la tierra; es más, la palabra *patria* deriva su completo significado de la historia romana. La fundación de un nuevo cuerpo político —para los griegos una experiencia casi común— se convirtió para los romanos en el comienzo central, decisivo e irrepetible de toda su historia, un acontecimiento único. Y las divinidades más profundamente romanas fueron Jano, el dios del comienzo, con quien, por así decirlo, todavía comenzamos nuestro año, y Minerva, la diosa del recuerdo.

En la *Eneida,* Virgilio resume así el asunto omnipresente de la fundación de Roma: «Tan grande fue el esfuerzo para fundar el pueblo romano» *(tanta molis erat Romanam condere gentem)* que todo deambular y sufrir llegó a su fin y su objetivo «al fundar la ciudad» *(dum conderet urbem).* Esta fundación y la experiencia tan poco griega de la santidad de la casa y el hogar forman el contenido profundamente político de la religión romana —como si, hablando en términos homéricos, el espíritu de Héctor hubiera sobrevivido a la caída de Troya y hubiera resurgido en suelo italiano—. A diferencia de lo que ocurría en Grecia, donde la piedad dependía de la inmediata presencia revelada de los dioses, aquí *religión* significaba literalmente *religare*:[27] estar ligado, obligado, al enorme, casi sobrehumano y, por lo tanto, siempre legendario esfuerzo de poner los cimientos, colocar la piedra angular, fundar para la eternidad.[28] Ser religioso significaba estar atado al pasado, y Tito Livio, el gran registrador de los acontecimientos pasados, podía por tanto decir: «*Mihi vetustas res scribenti nescio quo pacto antiquus fit animus et quaedam religio tenet*» («Mientras escribo estos antiguos acontecimientos, no sé a través de qué conexión mi mente envejece y cierta *religio* me posee»).[29] Así, la actividad religiosa y la política podían considerarse casi idénticas, y Cicerón dijo:

27. Es Cicerón quien deriva *religio* de *religare*. Dado que aquí solo nos ocupamos de cómo los romanos se veían a sí mismos en términos políticos, carece de relevancia la cuestión de si esta derivación es etimológicamente correcta.

28. Véase Cicerón, *De re publica*, III, 23. Para la creencia romana en la eternidad de su ciudad, véase V. Pöschl, *Romischer Staat und griechisches Staatsdenken bei Cicero*, Berlín, 1936.

29. Tito Livio, *Historia de Roma*, lib. 43, cap. 13.

«En ningún otro ámbito la excelencia humana se acerca tanto a los caminos de los dioses *(numen)* como lo hace en la fundación de nuevas comunidades y en la preservación de las ya fundadas».[30] El poder vinculante de la fundación en sí era religioso, porque la ciudad también ofrecía a los dioses del pueblo un hogar permanente —de nuevo en contraste con Grecia, cuyos dioses protegían las ciudades de los mortales y ocasionalmente moraban en ellas pero tenían su propio hogar, lejos de la morada de los hombres, en el monte Olimpo.

Es en este contexto donde la palabra y el concepto de autoridad aparecen originalmente. La palabra *auctoritas* deriva del verbo *augere,* «aumentar», y lo que la autoridad o quienes tienen autoridad aumentan constantemente es la fundación. Los dotados de autoridad eran los ancianos, el Senado o los *patres,* que la habían obtenido por descendencia y por transmisión (tradición) de aquellos que habían sentado las bases de todo lo futuro, los antepasados, a quienes los romanos llamaban por eso los *maiores.* La autoridad de los vivos fue siempre derivada, dependiente de los *«auctores imperii Romani conditoresque»,* como dice Plinio, de la autoridad de los fundadores, que ya no estaban entre los vivos. La autoridad, a diferencia del poder *(potestas),* tenía sus

30. Cicerón, *De re publica,* I, 7.

raíces en el pasado, pero este pasado no estaba menos presente en la vida real de la ciudad que el poder y la fuerza de los vivos. En palabras de Ennio: *«Moribus antiquis res stat Romana virisque»*.

Para comprender más concretamente lo que significaba estar dotado de autoridad, quizá sea útil observar que la palabra *auctores* puede usarse como antítesis de los *artifices,* los verdaderos constructores y hacedores, y aquí es precisamente cuando la palabra *auctor* significa lo mismo que nuestro «autor». Plinio, hablando de un nuevo teatro, se pregunta quién debería ser más admirado, el hacedor o el autor, el inventor o el invento (y da a entender, por supuesto, que el último en ambos casos). El autor en este caso no es el constructor sino aquel que inspiró toda la empresa, y cuyo espíritu, por lo tanto, está representado en el edificio mismo, mucho más que el espíritu del propio constructor. A diferencia del *artifex,* que solo lo hizo, él es el verdadero «autor» del edificio, es decir, su fundador; con ello, se ha convertido en un «aumentador» de la ciudad.

Pero la relación entre *auctor* y *artifex* no es en modo alguno la relación (platónica) entre el amo que da órdenes y el sirviente que las ejecuta. La característica más llamativa de quienes tienen autoridad es que no tienen poder. *«Cum potestas in populo auctoritas in senatu sit»:* «El poder reside en el pueblo, mientras que la au-

toridad reside en el Senado».[31] Debido a que la «autoridad», la aumentación que el Senado debe añadir a las decisiones políticas, no es poder, nos parece curiosamente
esquiva e intangible, y guarda en este sentido un sorprendente parecido con lo que Montesquieu define como la
rama judicial del gobierno, una rama cuyo poder es «de
alguna manera nulo» (*«en quelque façon nulle»*), y que,
sin embargo, constituye la máxima autoridad en los go-
biernos constitucionales.[32] Mommsen la describe como
algo «más que un consejo pero menos que una orden,
un consejo que conviene no ignorar», de modo que se
supone que «la voluntad y las acciones de las personas,
como las de los niños, están expuestas a los errores y,
por lo tanto, necesitan "aumentación" y confirmación
mediante el consejo de los ancianos».[33] El carácter autoritativo de la «aumentación» proporcionada por los
ancianos radica en que es un mero consejo que, para ser
escuchado, no necesita ni la forma de una orden ni la
coacción.[34]

31. *Id., De legibus,* 3, 12, 38.
32. Montesquieu, *De l'esprit des lois,* lib. XI, cap. 6.
33. El profesor C. J. Friedrich llamó mi atención sobre el importante abordaje de la autoridad en la obra del mencionado Mommsen *Römisches Staatsrecht* —véanse las pp. 1034 y 1038-1039.
34. Esta interpretación se ve respaldada además por la expresión latina *alicui auctorem esse,* empleada con el sentido de «dar
consejo a alguien».

La fuerza vinculante de esta autoridad está estrechamente ligada a la fuerza religiosa también vinculante de los *auspices,* que a diferencia del oráculo griego no señalan el curso objetivo de los acontecimientos futuros, sino que revelan simplemente la aprobación o desaprobación divina de las decisiones tomadas por los hombres.[35] También los dioses tienen autoridad entre los hombres, más que poder sobre ellos; «aumentan» y confirman las acciones humanas, pero no las guían. Y así como «todos los *auspices* se remontan a la gran señal con la que los dioses dieron a Rómulo la autoridad para fundar la ciudad»,[36] toda autoridad se deriva de esta fundación, ligando cada acto al comienzo sagrado de la historia romana, añadiendo, por así decirlo, a cada momento todo el peso del pasado. La *gravitas,* la capacidad de soportar este peso, se convirtió en el rasgo sobresaliente del carácter romano, del mismo modo que el Senado, la representación de la autoridad en la República, podía funcionar —en palabras de Plutarco («Vida de Licurgo»)— como «un peso central, como el lastre en un

35. Véase T. Mommsen, *Römisches Staatsrecht, op cit.*, pp. 73 y ss. La palabra latina *numen,* que es casi intraducible y significa tanto «orden divina» como los modos divinos de actuar, deriva de *nuere,* asentir con la cabeza. Por lo tanto, las órdenes de los dioses y toda su interferencia en los asuntos humanos se limitan a la aprobación o desaprobación de las acciones humanas.

36. *Ibid.,* p. 87.

barco, que siempre mantiene las cosas en justo equilibrio».

Así, los precedentes, los actos de los antepasados y la costumbre a la que habían dado lugar fueron siempre vinculantes.[37] Cualquier cosa sucedida se transformaba en un ejemplo, y la *auctoritas maiorum* se volvió idéntica a los modelos autoritativos para el comportamiento real, idéntica al estándar político moral. Esta es también la razón por la que los romanos consideraban que la vejez, a diferencia de la mera edad adulta, contenía el clímax mismo de la vida humana; no tanto por la sabiduría y la experiencia acumuladas sino porque el anciano se acercaba más a los ancestros y al pasado. Contrariamente a nuestro concepto de crecimiento, según el cual uno crece hacia el futuro, los romanos pensaban que dicho crecimiento se dirigía hacia el pasado. Si relacionamos esta actitud con el orden jerárquico establecido por la autoridad y visualizamos tal jerarquía en la imagen familiar de la pi-

---

37. Véanse también los diversos modismos latinos como *auctores habere*, «tener precedentes o ejemplos»; *auctoritas maiorum*, con el significado de «ejemplo autoritativo de los antepasados»; *usus et auctoritas*, tal como se lo emplea en el derecho romano para los derechos de propiedad que provienen del uso. Una excelente exposición de este espíritu romano, así como una colección muy útil de las fuentes más importantes, se encuentra en V. Pöschl, *Romischer Staat und griechisches Staatsdenken bei Cicero, op. cit.*, sobre todo en pp. 101 y ss.

rámide, es como si la cima de la misma no alcanzara la altura del cielo sobre (o, como en el cristianismo, allende) la tierra, sino la profundidad de un pasado terrenal.

Es en este contexto principalmente político donde el pasado fue santificado a través de la tradición. Dicha tradición preservaba el pasado transmitiendo de generación en generación el testimonio de los antepasados, quienes primero habían sido testigos y protagonistas de la fundación sagrada y luego la habían aumentado con su autoridad a lo largo de los siglos. Mientras esta tradición no se viese interrumpida, la autoridad permanecía inviolada; y era inconcebible actuar sin autoridad y tradición, sin normas y modelos aceptados y consagrados, sin la ayuda de la sabiduría de los padres fundadores. La noción de una tradición espiritual y de la autoridad en cuestiones de pensamiento e ideas se deriva aquí del ámbito político, es esencialmente derivada —del mismo modo que la concepción platónica del papel de la razón y las ideas en la política se derivó del ámbito filosófico y, por tanto, era derivativa en el ámbito de los asuntos humanos—. Pero el hecho históricamente más importante es que los romanos sintieron que necesitaban padres fundadores y ejemplos autoritativos también en cuestiones de pensamiento e ideas, y aceptaron a los grandes «antepasados» de Grecia como sus autoridades en teoría, filosofía y poesía. Los grandes autores griegos se convirtieron en autoridades en manos de los romanos, no de los griegos. La forma en que Platón y otros antes y después de él trataron a Homero, «el educador de toda la Hélade», era inconcebible en Roma, y ningún filósofo romano se habría atrevido a «levantar la mano contra su padre [espiritual]», como dijo Platón de sí mismo (en el *Sofista*) cuando rompió con las enseñanzas de Parménides.

Así como el carácter derivativo de la aplicabilidad de las ideas a la política no impidió que el pensamiento político platónico se convirtiera en el origen de la teoría política occidental, el carácter derivativo de la autoridad y la tradición en asuntos espirituales no impidió que estas se convirtieran en los rasgos dominantes del pensamiento filosófico de Occidente durante la mayor parte de nuestra historia. En ambos casos cayeron en el olvido el origen político y las experiencias políticas subyacentes a las teorías, así como el conflicto original entre política y filosofía, entre el ciudadano y el filósofo, como cayó en el olvido la experiencia de la fundación en la que tenía su fuente legítima la trinidad romana de religión, autoridad y tradición. El vigor de esta trinidad residía en la fuerza vinculante de un comienzo autoritativo, al que los hombres estaban ligados «religiosamente» mediante la tradición. La trinidad romana no solo sobrevivió a la transformación de la República en Imperio, sino que penetró allí donde la *Pax Romana* creó la civilización occidental sobre cimientos romanos.

La fuerza y la perdurabilidad extraordinarias de este espíritu romano —o la extraordinaria vigencia del principio fundacional a la hora de crear organismos políticos— fueron sometidas a una prueba decisiva y demostraron su eficacia de manera notoria después de la decadencia del Imperio romano, cuando el legado político y espiritual de Roma pasó a la Iglesia cristiana. Enfrentada a esta tarea mundana tan real, la Iglesia se volvió tan «romana» y se adaptó tan completamente al pensamiento romano en materia de política que hizo de la muerte y resurrección de Cristo la piedra angular de una nueva fundación, y erigió sobre ella una nueva institución humana de enorme perdurabilidad. Así, después de que Constantino el Grande pidiese a la Iglesia que asegurara para el Imperio en decadencia la protección del «Dios más poderoso», dicha Iglesia pudo finalmente superar las tendencias antipolíticas y antiinstitucionales de la fe cristiana, que habían causado tantos problemas en siglos anteriores y que son tan manifiestas en el Nuevo Testamento y en los primeros escritos cristianos, y aparentemente tan insuperables. La victoria del espíritu romano es en realidad casi un milagro; en cualquier caso, fue lo único que permitió a la Iglesia «ofrecer a sus miembros el sentido de ciudadanía que ni Roma ni los municipios podían ya ofrecerles».[38] Pero del mismo modo que la politización de las ideas por parte de Platón cambió la filosofía occidental y determinó el concepto filosófico de razón, así también la politización de la Iglesia cambió la religión cristiana. La base de la Iglesia como comunidad de creyentes y como institución pública ya no consistía en la fe cristiana en la resurrección (aunque esta fe seguía constituyendo su contenido), ni en la obediencia hebrea a los mandamientos de Dios, sino en el testimonio de la vida (nacimiento, muerte y resurrección) de Jesús de Nazaret como un acontecimiento históricamente registrado.[39] En cuanto testigos de este acontecimiento, los Apóstoles podían convertirse en los «Padres Fundadores» de la Iglesia, de quienes ella derivaría su propia autoridad mientras transmitiera su testimonio a las sucesivas generaciones mediante la tradición. Casi podríamos decir que solo una vez sucedido esto, la fe cristiana se convirtió en una «religión» tanto en el sentido poscristiano como en el antiguo; solo entonces, en cualquier caso, un mundo en-

38. R. H. Barrow, *The Romans*, 1949, p. 194.

39. Erik Peterson analiza una fusión similar del sentimiento político imperial romano con el cristianismo al hablar de Paulo Orosio, quien relacionó al emperador romano Augusto con Cristo: «*Dabei ist deutlich, dass Augustus auf these Weise christianisiert and Christus zurn civis romanus wird, romanisiert worden ist*» —*Der Monotheismus als politisches Problem*, Leipzig, 1935, p. 92.

tero (entendido como distinto a los meros grupos de creyentes, fuere cual fuese su tamaño) pudo volverse cristiano. El espíritu de Roma logró sobrevivir a la catástrofe del Imperio romano porque sus enemigos más poderosos (aquellos que, por así decirlo, habían lanzado una maldición contra todo el ámbito de los mundanos asuntos públicos y habían jurado vivir en la clandestinidad) descubrieron en su propia fe algo que podría entenderse también como un acontecimiento mundano y podría transformarse en un nuevo comienzo terrenal al que el mundo se vería ligado una vez más *(religare)* en una curiosa mezcla de veneración religiosa nueva y antigua. Esta transformación la realizó en gran medida Agustín de Hipona, el único gran filósofo que tuvieron los romanos. Porque el pilar de la filosofía agustiniana —*«Sedis animi est in memoria»* («la sede de la mente está en la memoria»)— es justo esa articulación conceptual de la experiencia específicamente romana que los propios romanos, abrumados como lo estaban por la filosofía y los conceptos griegos, nunca lograron.

Gracias a que la fundación de la ciudad de Roma se repitió en la fundación de la Iglesia católica, aunque, por supuesto, con un contenido radicalmente distinto, la trinidad romana de religión, autoridad y tradición pudo ser asumida por la era cristiana. El signo más conspicuo de esta continuidad tal vez sea que la Iglesia, cuando se embarcó en su gran carrera política en el siglo v, adoptó de inmediato la distinción romana entre autoridad y poder, reclamando para sí la antigua autoridad del Senado y dejando el poder —que en el Imperio romano ya no estaba en manos del pueblo sino que había sido monopolizado por la casa imperial— a los príncipes del mundo. Así, a finales del siglo v, el papa Gelasio I escribió al emperador Anastasio I: «Dos son las cosas principales mediante las que se gobierna este mundo: la sagrada autoridad de los Papas y el poder real».[40] El resultado de la continuidad del espíritu romano en la historia de Occidente tuvo dos caras. Por un lado, el milagro de la permanencia se repitió una vez más; porque dentro del marco de nuestra historia, la perdurabilidad y la continuidad de la Iglesia como institución pública solo pueden compararse con los mil años de la historia de Roma en la Antigüedad. Por otro lado, la separación de Iglesia y Estado, lejos de significar inequívocamente una secularización del ámbito político y, por lo tanto, el ascenso de este ámbito a la dignidad del periodo clásico, implicaba en realidad que, por primera vez desde Roma, lo político había perdido su autoridad y con ella ese ele-

---

40. «*Duo quippe sunt... quibus principaliter mundus hic regitur: auctoritas sacra pontificum et regalis potestas*». En J.-P. Migne, *Patrología latina*, vol. 59, p. 42a.

mento que, al menos en la historia occidental, había dotado a las estructuras políticas de durabilidad, continuidad y permanencia.

Cierto es que el pensamiento político romano comenzó muy pronto a emplear conceptos platónicos para comprender e interpretar las experiencias políticas específicamente romanas. Sin embargo, parece que los invisibles criterios espirituales de Platón, con los que debían medirse y juzgarse los asuntos visibles y concretos de los hombres, solo han desplegado toda su eficacia política en la era cristiana. Y es que por medio de Platón podían integrarse en la leyenda de la fundación romana precisamente aquellas partes de la doctrina cristiana que habrían tenido grandes dificultades para adecuarse y asimilarse a la estructura política romana —a saber, los mandamientos y verdades revelados de una autoridad genuinamente trascendente que, a diferencia de la platónica, no se extendía en la cima de lo terrenal sino que lo trascendía—. La revelación de Dios podía por lo tanto interpretarse políticamente como si las normas para la conducta humana y el principio de las comunidades políticas, anticipados intuitivamente por Platón, hubieran sido al fin revelados de manera directa; así, en palabras de un platónico moderno, era como si la temprana orientación de Platón «hacia un patrón no visible se viese confirmada entonces mediante la revelación del patrón mismo».⁴¹ En la medida en que la Iglesia católica incorporó la filosofía griega a la estructura de sus doctrinas y sus creencias dogmáticas, amalgamó el concepto político romano de autoridad —basado inevitablemente en un comienzo, una fundación en el pasado— con la noción griega de medidas y reglas trascendentes. Cualquier orden político requería por lo tanto criterios generales y trascendentes bajo los cuales pudieran incluirse lo particular y lo inmanente, reglas morales para todo comportamiento interhumano y unas medidas racionales que guiasen todo juicio individual. Difícilmente hay algo que se haya impuesto por sí mismo con mayor autoridad y con consecuencias de mayor alcance que esta amalgama misma.

Desde entonces, lo que ha ocurrido —y este hecho deja clara la estabilidad de la amalgama— es que dondequiera que uno de los elementos de la trinidad romana (religión, autoridad o tradición) ha sido cuestionado o eliminado, los dos restantes ya no han estado seguros. Por lo tanto, el error de Lutero fue pensar que su desafío a la autoridad temporal de la Iglesia y su apelación a un juicio individual no guiado dejarían intactas la tradición y la religión. Y el error de Hobbes y de los teóricos políticos del siglo XVII fue esperar que la autoridad y la re-

41. E. Voegelin, *A New Science of Politics*, Chicago, 1952, p. 78.

86

ligión pudieran sobrevivir sin la tradición. Finalmente, el error de los humanistas fue pensar que sin religión y sin autoridad era posible permanecer dentro de una tradición ininterrumpida de la civilización occidental.

V

Políticamente, la consecuencia más trascendental de la amalgama de las instituciones políticas romanas con las ideas filosóficas griegas fue que permitió a la Iglesia interpretar bajo la luz de los mitos políticos platónicos las nociones, bastante vagas y contradictorias, del cristianismo primitivo sobre la vida en el más allá y, por lo tanto, elevar al rango de certeza dogmática un elaborado sistema de recompensas y castigos por las buenas y malas obras que no encontraban su justa retribución en la tierra. Esto no ocurrió hasta el siglo V, cuando las enseñanzas anteriores sobre la redención de todos los pecadores, incluso la del mismo Satanás (como había enseñado Orígenes Adamantius y había sostenido después Gregorio de Nisa), y la interpretación espiritualizante de los tormentos del infierno como tormentos de conciencia (enseñada también por Orígenes) fueron declaradas heréticas; pero ello coincidió con la caída de Roma, con la desaparición de un orden secular asegurado, la asunción por parte de la Iglesia de la responsabilidad por los asuntos seculares y el surgimiento del papado como poder temporal. Cierto es que las nociones populares y literarias sobre un más allá con recompensas y castigos estaban tan extendidas entonces como lo habían estado durante toda la Antigüedad; pero la versión cristiana original de estas creencias, coherente con las «buenas nuevas» y la redención del pecado, no consistía en una amenaza de castigo y sufrimiento eternos, sino, por el contrario, en el *descensus ad ínferos:* la misión de Cristo al inframundo, donde pasó los tres días entre su muerte y su resurrección para destruir el infierno, derrotar a Satanás y liberar las almas de los pecadores muertos, como había liberado las almas de los vivos, de la muerte y del castigo.

Nos resulta algo difícil calibrar correctamente el origen político y no religioso de la doctrina del infierno porque la Iglesia pronto la incorporó, en su versión platónica, al cuerpo de creencias dogmáticas. Parece natural que esta incorporación a su vez desdibujase la comprensión del pensamiento de Platón, hasta el punto de identificar su enseñanza estrictamente filosófica de la inmortalidad del alma, doctrina destinada a unos pocos, con su enseñanza política de un más allá con castigos y recompensas, claramente destinada a la multitud. La preocupación del filósofo consiste en lo invisible que puede ser percibido por el alma, la cual es también algo invisible (ἀειδές) que por lo tanto va al Hades, el lugar de la invisibilidad (Ά-ίδης), después de que la muerte haga que la parte invisible del hombre se libere de su cuerpo, el órgano de la percepción sensorial.[42] Esta es la razón por la que los filósofos siempre parecen «buscar la muerte y el morir» y por la que la filosofía también puede ser llamada «el estudio de la muerte».[43] Obviamente, quienes no tienen experiencia de una verdad filosófica ubicada más allá del alcance de la percepción sensorial no pueden ser convencidos de la inmortalidad de un alma incorpórea; para ellos, Platón inventó una serie de narraciones con las que concluye sus diálogos políticos, generalmente después de que el argumento en sí se haya derrumbado, como en la *República,* o resulte imposible convencer al oponente de Sócrates, como en *Gorgias.*[44]

42. Sobre la afinidad del alma invisible con el lugar tradicional de la invisibilidad, a saber, el Hades, que Platón interpreta etimológicamente como «lo invisible», véase *Fedón,* 80.

43. *Ibid.,* 64-66.

44. Con la excepción de las *Leyes,* es característico de los diálogos políticos de Platón el que se produzca una ruptura en algún lugar y haya que abandonar el procedimiento estrictamente argumentativo. En la *República,* Sócrates esquiva varias veces a quienes le interrogan; la pregunta desconcertante es si la justicia todavía es posible cuando un hecho permanece oculto para los hombres y los dioses. La discusión sobre qué es la justicia se interrumpe en 372a y se retoma en 427d, donde, sin embargo, no se define dicha justicia

De estas narraciones, el mito de Er, en la *República,* es la más elaborada y la que ha ejercido la mayor influencia. En el periodo entre Platón y la victoria secular del cristianismo en el siglo V, que trajo consigo la sanción religiosa de la doctrina del infierno —de modo que a partir de entonces esta se convirtió en una característica

---

sino la sabiduría y la εὐβουλία. Sócrates vuelve a la cuestión principal en 403d, pero analiza la σωφροσύνη en lugar de la justicia. Luego comienza de nuevo en 433b y llega casi inmediatamente a una discusión sobre las formas de gobierno (445d y ss.), hasta que el séptimo libro con la historia de la caverna sitúa toda la argumentación en un nivel completamente distinto y no político. Entonces queda claro por qué Glaucón no ha podido recibir una respuesta satisfactoria: la justicia es una idea y debe ser percibida; no hay otra demostración posible.

El mito de Er, por otra parte, es introducido mediante una reversión de toda la argumentación. La tarea había sido encontrar la justicia como tal, aunque estuviera oculta a los ojos de los dioses y los hombres. Ahora (612), Sócrates desea retractarse de su admisión inicial ante Glaucón de que, al menos en aras del argumento, habría que suponer que «el hombre justo puede parecer injusto y el injusto, justo», de modo que nadie, ni dios ni hombre, podría saber a ciencia cierta quién es verdaderamente justo. Y en su lugar, plantea la suposición de que «los dioses conocen verdaderamente la naturaleza tanto de lo justo como de lo injusto». Una vez más, toda la argumentación se sitúa en un nivel completamente distinto —esta vez en el nivel de la multitud y fuera del alcance de la argumentación.

El caso de Gorgias es bastante similar. Una vez más, Sócrates es incapaz de convencer a su oponente. La discusión gira en torno a la convicción socrática de que es mejor sufrir el mal que hacerlo.

Cuando queda claro que no se puede convencer a Calicles mediante argumentos, Platón procede a contar su mito de un más allá

tan general del mundo cristiano que los tratados políticos no necesitaban mencionarla explícitamente—, apenas hubo una discusión importante sobre problemas políticos (excepto en Aristóteles) que no concluyera con una imitación del mito platónico.[45] Y todavía es en Platón, y no en las especulaciones hebreas y cristianas tempranas sobre una vida después de la muerte, donde encontramos al verdadero precursor de las elaboradas descripciones de Dante; porque en Platón asoma por primera vez no solo un concepto de juicio final sobre la vida eterna o la muerte eterna, sobre recompensas y castigos, sino también la separación geográfica del infierno, el purgatorio y el paraíso, así como las nociones horriblemente concretas del castigo corporal graduado.[46]

Las implicaciones puramente políticas de los mitos de Platón en el último libro de la *República,* así como en

---

como una especie de *ultima ratio* y, a diferencia de lo que ocurre en la *República,* lo cuenta con poca confianza, indicando claramente que el narrador de la historia, Sócrates, no se lo toma en serio.

45. La imitación de Platón parece estar fuera de toda duda en los casos frecuentes en que asoma el asunto de la muerte aparente, como en Cicerón y Plutarco. Para un excelente análisis del *Somnium Scipionis,* el mito que cierra *De re publica,* de Cicerón, véase Richard Harder, «Über Ciceros Somnium Scipionis» *(Kleine Schriften,* Múnich, 1960), quien además muestra de manera convincente que ni Platón ni Cicerón siguieron las doctrinas pitagóricas.

46. Algo que subraya en especial M. Dods, *Forerunners of Dante,* Edimburgo, 1903.

las partes finales de *Fedón* y *Gorgias,* parecen indiscutibles. La distinción entre la convicción filosófica de la inmortalidad del alma y la políticamente deseable creencia en una vida en el más allá corre paralela a la distinción, en la doctrina de las ideas, entre la idea de lo bello como idea suprema del filósofo y la idea del bien como idea suprema del estadista. Pero si Platón, al aplicar su filosofía de las ideas al ámbito político, desdibujó en cierto modo la distinción decisiva entre las ideas de lo bello y las del bien, sustituyendo sigilosamente las segundas por las primeras en sus discusiones sobre política, lo cierto es que no se puede decir lo mismo de su distinción entre un alma inmortal, invisible e incorpórea y una vida en el más allá donde los cuerpos, sensibles al dolor, recibirán su castigo. Uno de los indicios más claros del carácter político de estos mitos es sin duda que, debido a que implican castigo corporal, están en flagrante contradicción con la doctrina platónica de la mortalidad del cuerpo, una contradicción que el propio Platón no ignoraba en absoluto.[47] Además, en sus relatos, tomó elaboradas precauciones para asegurarse de que lo que se seguía de ellos no fuera la verdad, sino una opinión posible, una que convenía mostrar a la multitud «como si fuera la verdad».[48]

47. Véase Platón, *Gorgias,* 524.
48. Véanse *Gorgias,* 522-523, y *Fedón,* 110. En la *República,* 614, Platón incluso menciona un relato que Ulises cuenta a Alcínoo.

Por último, ¿acaso no es más bien obvio, sobre todo en la *República,* que todo este concepto de la vida después de la muerte no puede tener sentido alguno para aquellos que han entendido la historia de la caverna y saben que el verdadero inframundo es la vida en la tierra?

Platón, para sus descripciones de una vida en el más allá, se basó sin duda en creencias populares, tal vez en las tradiciones órficas y pitagóricas, del mismo modo que la Iglesia, casi mil años después, pudo elegir libremente cuáles de las creencias y especulaciones prevalecientes establecía como dogma y cuáles declaraba heréticas. La diferencia entre Platón y sus predecesores, quienesquiera que hayan sido, radica en que él fue el primero en tomar conciencia de la enorme potencialidad estrictamente política inherente a tales creencias; del mismo modo que la diferencia entre las elaboradas enseñanzas de Agustín de Hipona sobre el infierno, el purgatorio y el paraíso, por un lado, y las especulaciones de Orígenes Adamantius o Clemente de Alejandría, por otro, radica en que Agustín de Hipona (y quizá Tertuliano antes que él) entendió hasta qué punto esas doctrinas podían usarse como amenazas en este mundo, al margen de su valor especulativo sobre una vida en el más allá. De hecho, nada es más revelador en este contexto que el que fuese Platón quien acuñó la palabra «teología», ya que el pasaje en el que emplea este neologismo forma parte de una discusión estrictamente política, en la *República,* cuando se habla de la fundación de ciudades.[49] Este nuevo dios teológico no es ni un Dios vivo, ni el dios de los filósofos ni una divinidad pagana; es un mecanismo político, «la medida de la medidas»,[50] es decir, el criterio según el cual se pueden fundar ciudades y establecer reglas de comportamiento para la multitud. Además, la teología enseña cómo hacer valer estos criterios de manera absoluta, incluso en los casos en que la justicia humana parece estar desorientada, es decir, en el caso de crímenes que escapan al castigo, así como en el caso de aquellos en los que ni siquiera la pena de muerte parece castigo adecuado. Porque «lo principal» del más allá es, como dice explícitamente Platón, que «los hombres sufrirán un mal diez veces mayor que el que hayan causado a los demás».[51] Por supuesto, él no tenía ni la menor noción de la teología tal como la entendemos nosotros, como la interpretación de la palabra de Dios cuyo texto sacrosanto es la Biblia; para él, la teología era parte integrante de la «ciencia política», y en concreto esa parte que enseñaba a los pocos cómo gobernar a los muchos.

49. *Id., República,* 379a.
50. Así definió W. Jaeger al dios platónico en *Theology of the Early Greek Philosophers,* Oxford, 1947, p. 194n.
51. Platón, *República,* 615a.

Cualesquiera que hayan sido las otras influencias históricas en la elaboración la doctrina del infierno, lo cierto es que esta doctrina, durante la Antigüedad, siguió empleándose con fines políticos en interés de una minoría, para conservar el control moral y político sobre la multitud. La cuestión clave era siempre la misma: la verdad, por su propia naturaleza, es evidente de por sí y, por lo tanto, no puede ser argumentada ni demostrada satisfactoriamente.[52] De ahí que la fe sea necesaria para quienes no ven lo que es evidente de por sí y al mismo tiempo invisible y ajeno a toda argumentación. En términos platónicos, una minoría no puede persuadir a la multitud sobre la verdad, porque la verdad no puede ser objeto de persuasión, y la persuasión es la única manera de tratar con la multitud. Pero a dicha multitud, arrastrada por los irreflexivos relatos de poetas y narradores, se la puede conducir a creer casi cualquier cosa; los relatos apropiados para llevar la verdad de unos pocos a la multitud son relatos sobre recompensas y castigos después de la muerte; convencer a los ciudadanos de la existencia del infierno les hará comportarse como si conocieran la verdad.

52. Sobre la convicción de Platón de que la verdad está más allá del habla y la argumentación, véase sobre todo su Carta Séptima.

Mientras el cristianismo no tuvo intereses y responsabilidades seculares, dejó que las creencias y especulaciones sobre un más allá fueran tan libres como lo habían sido en la Antigüedad. Sin embargo, cuando el desarrollo puramente religioso del nuevo credo llegó a su fin y la Iglesia tomó conciencia de las responsabilidades políticas y estuvo dispuesta a asumirlas, dicha Iglesia se sumió en una perplejidad similar a la que había dado origen a la filosofía política de Platón. Una vez más, la cuestión era imponer normas absolutas a un ámbito compuesto de asuntos y relaciones humanas, cuya esencia misma, por lo tanto, parece ser la relatividad; y a esta relatividad está ligado el hecho de que lo peor que un hombre puede hacerle a otro es darle muerte, esto es, provocar lo que un día le sucederá de todos modos. El «mejoramiento» de esta limitación, propuesto en las imágenes del infierno, consiste precisamente que el castigo puede significar más que la «muerte eterna» —considerada por el cristianismo primitivo como la retribución apropiada del pecado—, es decir, el sufrimiento eterno, comparado con el cual la muerte eterna es la salvación.

La introducción del infierno platónico en el cuerpo de las creencias dogmáticas cristianas fortaleció la autoridad religiosa hasta el punto de que esta podía esperar salir victoriosa en cualquier conflicto con el poder secular. Pero el precio pagado por esta fuerza adicional fue que el concepto romano de autoridad se diluyó, y que se permitió que un elemento de violencia se insinuara tanto en la estructura misma del pensamiento religioso occidental como en la jerarquía de la Iglesia. Cuán elevado fue realmente este precio podría inferirse del bochornoso hecho de que hombres de incuestionable estatura —entre ellos Tertuliano e incluso Tomás de Aquino— estuviesen convencidos de que uno de los gozos en el cielo sería el privilegio de presenciar el espectáculo de los indescriptibles sufrimientos en el infierno. En todo el desarrollo del cristianismo a lo largo de los siglos, quizá nada sea más ajeno a la letra y el espíritu de las enseñanzas de Jesús de Nazaret que el elaborado catálogo de castigos futuros y el enorme poder de coerción a través del miedo, que solo en las últimas fases de la era moderna han perdido su significado público y político. En lo que atañe al pensamiento religioso, es sin duda una terrible ironía que las «buenas nuevas» de los Evangelios («La vida es eterna») no resultasen finalmente en un aumento de la alegría en la tierra, sino del temor, que no hiciesen más fácil sino más dura la muerte para el hombre.

Sea como fuere, la consecuencia más significativa de la secularización de la era moderna bien puede consistir en que haya sido eliminado de la vida pública, junto con la religión, el único elemento político de la religión tradicional: el miedo al infierno. Nosotros, que hemos tenido que presenciar cómo, durante la era de Hitler y Stalin, una criminalidad completamente nueva, casi sin oposición en sus respectivos países, invadía el ámbito de la política, deberíamos ser los últimos en subestimar su «persuasiva» influencia sobre el funcionamiento de la conciencia. Y el impacto de estas experiencias es quizá mayor si recordamos que, en la época misma de la Ilustración, los hombres de la Revolución francesa, así como los padres fundadores de los Estados Unidos, insistieron en hacer que el temor a un «Dios vengador» y, por ende, la creencia en «una vida futura» fueran parte integrante del nuevo cuerpo político. Y es que la razón obvia por la que los hombres de las revoluciones de todos los pueblos estaban a este respecto tan extrañamente desentonados con el clima general de su época radicó en que, precisamente debido a la nueva separación entre Iglesia y Estado, tuvieron que afrontar el antiguo dilema platónico. Así, desaconsejaron que el miedo al infierno fuese eliminado de la vida pública porque ello allanaría el camino «para hacer que el asesinato mismo sea tan irrelevante como dispararle a un chorlito, y el exterminio de los rohilla, tan inofensivo como tragarse unos ácaros al ingerir un bocado de queso».[53]

53. J. Adams, *Discourses on Davila*, en *Works*, Boston, 1851, vol. VI, p. 280.

Y quizá sus palabras tengan un tono casi profético para nosotros, pero es obvio que no fueron pronunciadas a consecuencia de una fe dogmática en el «Dios vengador», sino por desconfianza en la naturaleza del hombre.

Por lo tanto, la creencia en un estado futuro de recompensas y castigos, diseñada a conciencia por Platón como un recurso político y adoptada quizá no menos conscientemente, en su forma agustiniana, por Gregorio Magno, sobrevivió a todos los demás elementos religiosos y seculares que juntos habían establecido la autoridad en la historia occidental. Y no fue en la Edad Media —pues la vida secular se había vuelto entonces religiosa hasta tal punto que la religión no podía servir como instrumento político—, sino en la edad moderna cuando se redescubrió la utilidad de la religión para la autoridad secular. Los verdaderos motivos de este redescubrimiento han quedado un tanto ocultos por las diversas alianzas más o menos infames del «trono y el altar» cuando los reyes, asustados ante la perspectiva de una revolución, creían que «no se debe permitir que el pueblo pierda su religión» porque, en palabras de Heine, *«Wer sich von seinem Gotte reisst, / wird endlich auch abtrünnig werden / von seinen irdischen Behörden»* («Quien se aleja de su Dios terminará por alejarse también de sus autoridades terrenales»). La cuestión aquí es más bien que los propios revolucionarios predicaron la creencia en un estado futuro; que incluso Robespierre terminó apelando a un «Legislador Inmortal» para sancionar la revolución, y que ninguna de las primeras constituciones norteamericanas carecía de las disposiciones adecuadas con respecto a los futuros premios y castigos, considerados por hombres como John Adams «el verdadero y único fundamento de la moralidad».[54]

No sorprende, ciertamente, que resultaran vanos todos estos intentos de conservar el único elemento de violencia del ruinoso edificio de la religión, la autoridad y la tradición, y de utilizarlo como salvaguardia del nuevo orden político secular. Y lo que puso fin a tales intentos no fue en absoluto el auge del socialismo o de la creencia marxista de que «la religión es el opio del pueblo». (La religión auténtica en general y la fe cristiana en particular, con su incesante énfasis en el individuo y en el papel de este en su propia salvación, énfasis que llevó a la elaboración de un catálogo de pecados mayor que el de cualquier otra religión, nunca podrían usarse como tranquilizantes. Las ideologías modernas, ya sean políticas, psicológicas o sociales, son mucho más adecuadas que cualquier religión tradicional que conozcamos para inmunizar el alma del hombre contra el impresionante

54. *Id.*, Borrador del Preámbulo de la Constitución de Massachusetts, en *Works, op. cit.*, vol. IV, p. 221.

impacto de la realidad. La piadosa resignación ante la voluntad de Dios, comparada con las diversas supersticiones del siglo xx, parece un cuchillo de juguete en competencia con las armas atómicas.) Para los hombres políticos del siglo XVIII, quizá era todavía una cuestión de sentido común la convicción de que la «buena moral» en la sociedad civil dependía en última instancia del miedo y la esperanza de otra vida; para los del siglo XIX, era simplemente escandaloso que, por ejemplo, los tribunales ingleses dieran por sentado «que el juramento de una persona que no cree en la vida futura carece de valor», y esto no solo por razones políticas sino también porque implica que «quienes sí creen solo evitan mentir [...] por temor al infierno».[55]

Si hablamos en términos superficiales, la pérdida de fe en una vida futura constituye políticamente, aunque no desde luego espiritualmente, la distinción más significativa entre nuestro presente y los siglos anteriores. Y esta pérdida es definitiva. Porque no importa cuán religioso pueda volver a ser nuestro mundo, o cuánta fe auténtica exista aún en él, o cuán profundamente estén arraigados nuestros valores morales en nuestros sistemas religiosos: el miedo al infierno ya no figura entre los motivos que impedirían o estimularían los actos de

55. J. S. Mill, *On Liberty,* cap. 2.

una mayoría. Se diría que esto era inevitable si la secularidad del mundo implica la separación entre el ámbito de la vida religioso y el político; en esas circunstancias, la religión estaba destinada a perder su elemento político, del mismo modo que la vida pública estaba destinada a perder la sanción religiosa de una autoridad trascendente. Así pues, conviene recordar que el recurso platónico para persuadir a la mayoría de que debe seguir los estándares de una minoría siguió siendo utópico hasta que fue sancionado por la religión; el propósito de tal recurso, establecer el gobierno de unos pocos sobre la mayoría, era demasiado patente como para resultar útil. Por la misma razón, las creencias en una vida futura desaparecieron del ámbito público tan pronto como su utilidad política se hizo descaradamente manifiesta en el hecho mismo de que, de todo el conjunto de creencias dogmáticas, eran ellas las consideradas dignas de preservación.

VI

Pero hay una cosa que llama especialmente la atención en este contexto: si bien todos los modelos, prototipos y ejemplos de relaciones autoritarias de origen griego —por ejemplo, el estadista como sanador y médico, como experto, como timonel, como maestro que sabe, como educador, como hombre sabio— han sido fielmente conservados y articulados más a fondo hasta convertirse en tópicos vacíos, lo cierto que la única experiencia política a la que debemos la autoridad como palabra, concepto y realidad en nuestra historia —la experiencia romana de la fundación— parece haberse perdido y olvidado por completo. Y esto es así hasta tal punto que en el momento en que empezamos a hablar y pensar sobre la autoridad —la cual, después de todo, es uno de los conceptos centrales del pensamiento político— es como si estuviéramos atrapados en un laberinto de abstracciones, metáforas y figuras retóricas en las que todo puede tomarse por otra cosa y confundirse con ella, porque no disponemos, ni en la historia ni en la experiencia cotidiana, de ninguna realidad a la que podamos apelar unánimemente. Esto, entre otras cosas, indica algo que también podría demostrarse de otro modo: que los conceptos griegos, una vez santificados por los romanos mediante la tradición y la autoridad, simplemente eliminaron de la conciencia histórica todas las experiencias políticas que no podían encajar en su marco.

Pero esta afirmación no es del todo cierta. Existe en nuestra historia política un tipo de acontecimiento para el cual la noción de fundación es decisiva, y hay en nuestra historia del pensamiento un pensador político en cuyo trabajo el concepto de fundación es central, si no primordial. El tipo de acontecimiento al que me refiero consiste en las revoluciones de la época moderna, y el pensador es Maquiavelo, quien se encontraba en el umbral de dicha época y, aunque nunca utilizó el término *revolución,* fue el primero en concebirla.

La posición única de Maquiavelo en la historia del pensamiento político tiene poco que ver con su realismo, a menudo elogiado pero de ninguna manera indiscutible, y ciertamente él no fue el padre de la ciencia política, papel que hoy se le atribuye con frecuencia. (Si uno entiende por ciencia política la teoría política, su padre es sin duda Platón y no Maquiavelo. Y si uno hace énfasis en el carácter científico de la ciencia política, difícilmente se puede fechar su nacimiento antes del auge de toda la ciencia moderna, es decir, antes de los siglos XVI y XVII. En mi opinión, suele exagerarse enormemente el carácter científico de las teorías de Maquiavelo.) Su despreocupación por los juicios morales y su ausencia de prejuicios son sorprendentes, pero no constituyen el meollo del asunto; han contribuido más a su fama que a la comprensión de sus obras, porque la mayoría de sus lectores, en aquel entonces como hoy, quedaban demasiado impactados como para leerlo adecuadamente. Cuando él insiste en que en el ámbito público-político los hombres «deben aprender a no ser buenos»,[56] no quiere decir, por supuesto, que deberían aprender a ser malvados. Al fin y al cabo, difícilmente existe otro pensador político que haya hablado con tan vehemente desprecio de los «métodos [con los que] uno puede sin duda obtener el poder pero no la gloria».[57] La verdad consiste simplemente en que él se opuso a los dos conceptos del bien que encontramos en nuestra tradición: el concepto griego de lo «bueno para» o adecuado y el concepto cristiano de una bondad absoluta que no es de este mundo. En su opinión, ambos conceptos eran válidos, pero solo en la esfera privada de la vida humana; en el ámbito público de la política no tenían más cabida que sus opuestos, la incapacidad o incompetencia y la maldad. Por otro lado, la *virtù*, que según Maquiavelo es la cualidad humana específicamente política, no tiene ni la connotación de carácter moral propia de la *virtus* romana, ni la de una excelencia moralmente neutral como la ἀρετη. La *virtù* es la respuesta que el hombre logra dar al mundo, o más bien a la constelación de la *fortuna* en la que el mundo se abre, se presenta y se ofrece a él, a su *virtù*. No hay *virtù* sin *fortuna* ni *fortuna* sin *virtù;* la interacción entre ambas

56. N. Maquiavelo, *El príncipe*, cap. 15.
57. *Ibid.,* cap. 8.

indica una armonía entre el hombre y el mundo —el uno juega con el otro y triunfan juntos— que está tan alejada de la sabiduría del estadista como de la excelencia, moral o no, del individuo, y de la competencia de los expertos.

Las experiencias de Maquiavelo en las luchas de su tiempo le imbuyeron de un profundo desprecio por todas las tradiciones, cristianas y griegas, tal como las presentaba, fomentaba y reinterpretaba la Iglesia. Su desprecio iba dirigido contra una Iglesia corrupta que había corrompido la vida política de Italia, pero esa corrupción, argumentaba él, era inevitable debido al carácter cristiano de la Iglesia. Al fin y al cabo, lo que él presenció no fue solo la corrupción sino también la reacción contra ella, el renacimiento profundamente religioso y sincero que emanaba de los franciscanos y dominicos, y que culminó en el fanatismo de Savonarola, a quien Maquiavelo respetaba considerablemente. El respeto por estas fuerzas religiosas y el desprecio por la Iglesia lo llevaron a ciertas conclusiones sobre una discrepancia básica entre la fe cristiana y la política, conclusiones que recuerdan curiosamente a los primeros siglos de nuestra era. Su tesis era que todo contacto entre la religión y la política corrompe de manera inevitable ambas, y que una Iglesia no corrupta, aunque considerablemente más respetable, sería aún más destructiva para el ámbito público.[58] Lo que no vio, ni quizá podía ver en su tiempo, fue el influjo romano en la Iglesia católica, el cual, de hecho, era mucho menos perceptible en ella que su contenido cristiano y su marco teórico griego.

Lo que llevó a Maquiavelo a buscar las experiencias políticas centrales de los romanos tal como se habían presentado en su origen, ajenas por igual a la piedad cristiana y a la filosofía griega, fue algo más que el patriotismo y que el resurgimiento entonces del interés por la Antigüedad. La grandeza de su redescubrimiento radica en que él no pudo simplemente restaurar o recurrir a una tradición conceptual articulada, sino que tuvo que articular por sí mismo aquellas experiencias que los romanos no habían conceptualizado sino más bien expresado en términos de una filosofía griega vulgarizada para ese propósito.[59] Vio que toda la historia y la mentalidad romanas dependían de la experiencia de la fundación, y creyó que era posible repetir la experiencia romana mediante la fundación de una Italia unificada, una fundación que se convertiría en el pilar sagrado de un cuerpo político «eterno» para toda la nación italiana, tal

58. Véase en especial *Discursos sobre la Primera década de Tito Livio,* lib. III, cap. 1.

59. Llama la atención cuán rara vez aparece el nombre de Cicerón en los escritos de Maquiavelo y con qué cuidado este lo evita en sus interpretaciones de la historia romana.

como la fundación de la Ciudad Eterna lo había sido para el pueblo itálico. El hecho de que Maquiavelo fuese consciente de los inicios contemporáneos del nacimiento de las naciones y de la necesidad de un nuevo cuerpo político, para el cual empleó un término hasta entonces desconocido, *lo stato,* ha hecho que se le suela identificar acertadamente como el padre del moderno Estado nación y del concepto de «razón de Estado». Lo que es más llamativo aún, aunque menos conocido, es que a menudo Maquiavelo y Robespierre parecen hablar el mismo idioma. Cuando el francés justifica el terror, «el despotismo de la libertad contra la tiranía», suena a veces como si estuviera repitiendo casi palabra por palabra las famosas declaraciones de Maquiavelo sobre la necesidad de la violencia para la fundación de nuevos organismos políticos y para la reforma de los corruptos.

Esta semejanza es más sorprendente en la medida en que tanto Maquiavelo como Robespierre van a este respecto más allá de lo que los propios romanos expresaron sobre la fundación. Sin duda, la conexión entre fundación y dictadura podría aprenderse de los propios romanos; Cicerón, por ejemplo, le pide explícitamente a Escipión que se convierta en «*dictator rei publicae constituendae*», que recurra a la dictadura para restaurar la república.[60]

60. Cicerón, *De re publica,* VI, 12.

Al igual que los romanos, Maquiavelo y Robespierre consideraron que la fundación era la acción política central, el único gran acto que establecía el ámbito público-político y hacía posible la política; pero a diferencia de los romanos, para quienes tal fundación era un acontecimiento del pasado, ellos pensaban que, para este «fin» supremo, estaban justificados todos los «medios», y principalmente los de la violencia. Entendían el acto de fundar como un hacer; para ellos, la cuestión era literalmente cómo «hacer» una Italia unificada o una república francesa, y lo que guía y da inherente plausibilidad a su justificación de la violencia es el argumento subyacente: no se puede hacer una mesa sin destruir árboles, no se puede hacer una tortilla sin romper huevos, no se puede hacer una república sin matar a la gente. En este aspecto, que iba a ser tan fatídico para la historia de las revoluciones, Maquiavelo y Robespierre no eran romanos, y la autoridad a la que podrían haber apelado era más bien Platón, quien también había recomendado la tiranía como el gobierno donde «es probable que el cambio sea más fácil y más rápido».[61]

Es precisamente por estos dos aspectos, por su redescubrimiento de la experiencia de la fundación y su reinterpretación de la misma en términos de la justifi-

61. Platón, *Leyes*, 711a.

cación de los medios (violentos) para un fin supremo, por lo que Maquiavelo puede ser considerado como el ancestro de las revoluciones modernas, que se caracterizan por aparecer en el escenario de la historia vestidas de romanas, tal como Marx dijo de la Revolución francesa. A mi juicio, ni la grandeza ni la tragedia de esas revoluciones occidentales en la era moderna pueden entenderse adecuadamente a menos que se reconozca que las inspiró el *pathos* romano de la fundación. Porque, si estoy en lo cierto al sospechar que la crisis del mundo actual es principalmente política, y que la famosa «decadencia de Occidente» consiste sobre todo en la decadencia de la trinidad romana de religión, tradición y autoridad, con el concomitante debilitamiento de los fundamentos específicamente romanos del ámbito político, entonces las revoluciones de la era moderna aparecen como colosales tentativas de reparar esos fundamentos, de renovar el hilo roto de la tradición y de restaurar, mediante la fundación de nuevos cuerpos políticos, aquello que durante tantos siglos hizo que los asuntos de los hombres estuviesen dotados de cierta medida de dignidad y grandeza.

De todas estas tentativas, solo una ha tenido éxito, la Revolución americana: los padres fundadores, como señaladamente todavía los llamamos, establecieron un cuerpo político completamente nuevo sin violencia y con la ayuda de una constitución. Y este cuerpo político ha perdurado al menos hasta el día de hoy, a pesar de que el carácter específicamente moderno del mundo moderno ha producido, en los Estados Unidos más que en ningún otro sitio, expresiones tan extremas en todas las esferas no políticas de la vida.

No es este el lugar para abordar las razones de la sorprendente estabilidad de una estructura política bajo el embate de la más vehemente y demoledora inestabilidad social. Pero parece claro que el carácter relativamente no violento de la Revolución americana, en la que la violencia estuvo más o menos restringida a la guerra convencional, es un factor importante en este éxito. También puede ser que los padres fundadores, al eludir el desarrollo europeo del Estado nación, se mantuvieran más cerca del espíritu romano original. Más importante, quizá, fue que el acto de la fundación, es decir, la colonización del continente americano, había precedido a la Declaración de Independencia, de modo que la formulación de la Constitución, al recurrir a estatutos y acuerdos previos, confirmó y legalizó un cuerpo político ya existente en lugar de hacerlo de nuevo.[62] Así, a los actores de la Revolución americana se les ahorró por com-

62. Huelga decir que mis asunciones solo podrían confirmarse mediante un análisis detallado de la Revolución americana.

pleto el esfuerzo de «introducir un nuevo orden de las cosas»; es decir, se les ahorró esa acción concreta de la que Maquiavelo dijo en una ocasión. «No hay cosa más difícil de abordar, de manejo más arriesgado y de éxito más dudoso».[63] Y Maquiavelo debía de saberlo, porque él, al igual que Robespierre, Lenin y todos los grandes revolucionarios de los que es antepasado, nada deseaba más apasionadamente que iniciar un nuevo orden de las cosas.

Sea como fuere, las revoluciones, que solemos considerar rupturas radicales con la tradición, aparecen en nuestro contexto como acontecimientos en los que las acciones de los hombres todavía se inspiran en los orígenes de esta tradición y obtienen su mayor fuerza de ellos. Dichas revoluciones parecen ser la única salvación que esta tradición romano-occidental ha proporcionado para las emergencias. El hecho de que no solo las diversas revoluciones del siglo xx sino todas las desde la francesa hayan salido mal, concluyendo en la restauración o la tiranía, parece indicar que incluso estos últimos medios de salvación proporcionados por la tradición se han vuelto inadecuados. La autoridad tal como la conocíamos, surgida de la experiencia romana de la fundación y entendida a la luz de la filosofía política griega, no ha

63. N. Maquiavelo, *El príncipe,* cap. 6.

sido restablecida en ninguna parte, ni con las revoluciones ni con los medios aún menos prometedores de la restauración, ni menos aún mediante las actitudes y tendencias conservadoras que ocasionalmente arrastran a la opinión pública. Porque vivir en un ámbito político sin autoridad, y sin la concomitante conciencia de que la fuente de dicha autoridad trasciende el poder y a quienes lo ocupan, significa verse enfrentado de nuevo —sin la fe religiosa en un comienzo sagrado y sin la protección ofrecida por las normas de comportamiento tradicionales y por lo tanto evidentes en sí— con los problemas elementales de la convivencia humana.

BIBLIOGRAFÍA:
OBRAS DE HANNAH ARENDT
EN CASTELLANO

Obras publicadas originalmente en vida de la autora

El concepto de amor en San Agustín (1929), trad. Agustín Serrano de Haro, Encuentro, Madrid, 2009.

La tradición oculta (1943, 1976), trad. Rosa María Sala Carbó y Vicente Gómez Ibáñez, Paidós, Barcelona, 2004.

Los orígenes del totalitarismo (1951), pról. Salvador Giner, trad. Guillermo Solana, Alianza, Madrid, 2006.

Rahel Varnhagen. Vida de una mujer judía (1958), trad. Daniel Najmías, Lumen, Barcelona, 2000.

La condición humana (1958), trad. Ramón Gil, Paidós, Barcelona, 1993.

Libertad y política. Una conferencia (1960), ed. Jerome Kohn, trad. Roberto Ramos Fontecoba, Página Indómita, Barcelona, 2023.

Entre el pasado y el futuro. Ocho ejercicios sobre la reflexión política (1961, 1968), trad. Ana Poljak, Península, Barcelona, 1993.

Sobre la revolución (1963), trad. Pedro Bravo, Alianza, Madrid, 2004.

Eichmann en Jerusalén. Un estudio sobre la banalidad del mal (1963), trad. Carlos Ribalta, Lumen, Barcelona, 2003.

Hombres en tiempos de oscuridad (1968), trad. Claudia Ferrari, Gedisa, Barcelona, 1990.

Sobre la violencia (1970), trad. Guillermo Solana, Alianza, Madrid, 2005.

Crisis de la República (1972), trad. Guillermo Solana, Trotta, Madrid, 2015.

Verdad y mentira en la política (1972), trad. Roberto Ramos Fontecoba, Página Indómita, Barcelona, 2017.

OBRAS PÓSTUMAS

Una revisión de la historia judía y otros ensayos (1978), ed. Ron H. Feldman, trad. Fina Birulés, Paidós, Barcelona, 2005.

La vida del espíritu (1978), ed. Mary McCarthy, trad. Fina Birulés y Carmen Corral Santos, Paidós, Barcelona, 2002.

En el presente. Ensayos políticos (1986), trad. Roberto Ramos Fontecoba, Página Indómita, Barcelona, 2017.

Conferencias sobre la filosofía política de Kant (1989), ed. Ronald Beiner, trad. Carmen Corral Santos, Paidós, Barcelona, 2008.

¿Qué es la política? (1993), ed. Ursula Ludz, trad. Rosa María Sala Carbó, Paidós, Barcelona, 1997.

De la historia a la acción (1995), trad. Fina Birulés, Paidós, Barcelona, 1995.

Entre amigas. Correspondencia entre Hannah Arendt y Mary McCarthy, 1949-1975 (1996), ed. Carol Brightman, trad. Ana María Becciú, Lumen, Barcelona, 1998.

Lo que quiero es comprender. Sobre mi vida y mi obra (1996), ed. Ursula Ludz, trad. Manuel Abella y José Luis López de Lizaga, Trotta, Madrid, 2010.

Hannah Arendt / Martin Heidegger. Correspondencia 1925-1975 (1999), ed. Ursula Ludz, trad. Adan Kovacsics, Herder, Barcelona, 2000.

Karl Marx y la tradición del pensamiento político occidental (2002), ed. Jerome Kohn, trad. Marina López y Agustín Serrano de Haro, Encuentro, Madrid, 2007.

Diario filosófico, 1950-1973 (2002), ed. Ursula Ludz, trad. Raúl Gabás, Herder, Barcelona, 2006.

Ensayos de comprensión, 1930-1954. Formación, exilio y totalitarismo (2005), ed. Jerome Kohn, trad. Roberto Ramos Fontecoba, Página Indómita, Barcelona, 2018.

Responsabilidad y juicio (2005), ed. Jerome Kohn, trad. Miguel Candel y Fina Birulés, Paidós, Barcelona, 2007.

Eichmann y el Holocausto (2005), trad. Carlos Ribalta, Taurus, Madrid, 2012.

La promesa de la política (2007), ed. Jerome Kohn, trad. Eduardo Cañas, Paidós, Barcelona, 2008.

Escritos judíos (2008), ed. Jerome Kohn y Ron H. Feldman, trad. Eduardo Cañas, Rosa María Sala Carbó, Vicente Gómez Ibáñez y Miguel Candel Sanmartín, Paidós, Barcelona, 2009.

La última entrevista y otras conversaciones (2013), trad. Ana González Castro y Diego Ruiz Oliveira, Página Indómita, Barcelona, 2016.

Más allá de la filosofía. Escritos sobre cultura, arte y literatura (2014), ed. Fina Birulés y Angela Lorena Fuster, trad. Ernesto Rubio, Trotta, Madrid, 2014.

Poemas (2015), trad. Alberto Ciria, Herder, Barcelona, 2017.

Tradición y política. Correspondencia entre Hannah Arendt y Gershom Scholem 1939-1964 (2017), ed. Marie Luise Knott, Trotta, Madrid, 2018.

¿Qué es la filosofía de la existencia? (2018), ed. y trad. Agustín Serrano de Haro, Biblioteca Nueva, Madrid, 2018.

La libertad de ser libres (2018), trad. Teófilo de Lozoya y Juan Rabasseda, Taurus, Madrid, 2018.

Pensar sin asideros. Ensayos de comprensión, 1953-1975 (2018), ed. Jerome Kohn, trad. Roberto Ramos Fontecoba, Página Indómita, Barcelona, 2019.

La pluralidad del mundo (2019), ed. Andreu Jaume, trad. Manuel Abella, José Luis López de Lizaga *et al.*, Taurus, Madrid, 2019.

Responsabilidad personal y colectiva, ed. Jerome Kohn, trad. Roberto Ramos Fontecoba, Página Indómita, Barcelona, 2020.

El valor de pensar (2021), ed. Adolfo García Ortega, trad. Vicente Gómez, Miguel Candel, Roberto Ramos Fontecoba *et al.,* Paidós, Barcelona, 2021.

CRONOLOGÍA

1906. Nace el 14 de octubre en Hannover, en el seno de una familia judía.

1924-1928. Estudia Filosofía, Teología y Filología clásica en las universidades de Marburgo, Heidelberg y Friburgo, donde es alumna de Martin Heidegger, Edmund Husserl, Karl Jaspers y Rudolf Bultmann.

1928. Se doctora en Filosofía por la Universidad de Heidelberg, con la tesis *El concepto de amor en san Agustín*, dirigida por Karl Jaspers.

1929. Contrae matrimonio con Günter Stern (Anders).

1933. Es detenida en Berlín. Tras ser puesta en libertad, se traslada a París.

1935-1939. Colabora con el movimiento sionista como trabajadora social y dirige la sección francesa de la organización «*Aliyah* de la Juventud». Conoce a Heinrich Blücher y se divorcia de Günter Stern.

1940. Contrae matrimonio con Heinrich Blücher. Es internada durante varias semanas en el campo de concentración de Gurs, en el sur de Francia. Huye a casa de unos amigos en Montauban.

1941. Se traslada a los Estados Unidos, donde fija su residencia.

1941-1945. Actividad periodística en publicaciones como *Aufbau, Review of Politics, Contemporary Jewish Record, Jewish Frontier, Nation* y *Partisan Review.*

1944-1946. Directora de investigación de la Conference on Jewish Relations (Commission on European Jewish Cultural Reconstruction).

1946-1948. Lectora en la editorial Schocken.

1949-1952. Directora ejecutiva de la Jewish Cultural Reconstruction de Nueva York. Viaja a Alemania y se reencuentra con Heidegger, Jaspers y otros amigos.

1951. Publica *Los orígenes del totalitarismo* y obtiene la ciudadanía estadounidense.

1953-1954. Imparte cursos y conferencias en las universidades de Princeton, California y Chicago y en la New School for Social Research.

1958. Publica *La condición humana* y *Rahel Varnhagen. Vida de una mujer judía.*

1959. Recibe el Premio Lessing de la ciudad de Hamburgo.

1961. Asiste como reportera de la revista *New Yorker* al juicio de Eichmann en Jerusalén. *Publica Entre el pasado y el futuro.*

1963. La publicación del reportaje sobre Eichmann desata la polémica. Ve la luz *Sobre la revolución.*

1963-1967. Ocupa una plaza de profesora en la Universidad de Chicago y continúa su actividad como profesora invitada en diversas instituciones.

1967. Recibe el Premio Sigmund Freud de la Academia Alemana.

1968. Obtiene una plaza de profesora en la New School for Social Research. Publica *Hombres en tiempos de oscuridad.*

1970. Muere su marido Heinrich Blücher. Publica *Sobre la violencia.*

1972. Publica *Crisis de la República.*

1973-1974. Imparte las «Conferencias Gifford» de la Universidad de Aberdeen, Escocia.

1975. Recibe el Premio Sonning, concedido por el gobierno de Dinamarca a las contribuciones relevantes a la cultura europea. El 4 de diciembre muere de un infarto en su piso de Nueva York.

ESTA PRIMERA EDICIÓN
DE «¿QUÉ ES LA AUTORIDAD?»,
DE HANNAH ARENDT,
SE TERMINÓ DE IMPRIMIR
EN BARCELONA
EN EL MES DE NOVIEMBRE
DE 2024